Frank Schulz-Nieswandt

Behindertenhilfe im Wandel

Mensch und Sozialordnung in der EU

herausgegeben von

Prof. Dr. Frank Schulz-Nieswandt

(Seminar für Sozialpolitik, Universität zu Köln)

Band 2

LIT

Frank Schulz-Nieswandt

Behindertenhilfe im Wandel

Zwischen Europarecht, neuer Steuerung
und Empowerment

LIT

Gedruckt auf alterungsbeständigem Werkdruckpapier entsprechend
ANSI Z3948 DIN ISO 9706

Bibliografische Information der Deutschen Nationalbibliothek
Die Deutsche Nationalbibliothek verzeichnet diese Publikation in der
Deutschen Nationalbibliografie; detaillierte bibliografische Daten sind
im Internet über http://dnb.d-nb.de abrufbar.

ISBN 978-3-03735-984-6 (Schweiz)
ISBN 978-3-8258-0851-8 (Deutschland)

© LIT VERLAG GmbH & Co. KG Wien,
Zweigniederlassung Zürich 2007
Dufourstr. 31
CH-8008 Zürich
Tel. +41 (0) 44-251 75 05
Fax +41 (0) 44-251 75 06
e-Mail: zuerich@lit-verlag.ch
http://www.lit-verlag.ch

LIT VERLAG Dr. W. Hopf
Berlin 2007
Auslieferung/Verlagskontakt:
Fresnostr. 2
48159 Münster
Tel. +49 (0)251–62 03 20
Fax +49 (0)251–23 19 72
e-Mail: lit@lit-verlag.de
http://www.lit-verlag.de

INHALT

Vorwort. 1

Einleitung 5

1 Der anthropologische Ausgangspunkt 7
   1.1 Liebesethik und organisierte Sorgearbeit 7
   1.2 Die sozialunternehmerische Leistung: Die Abbildung der liebenden Sorgearbeit in einer Balanced Scorecard 10

2 Die strategische Situationsanalyse 15
   2.1 Organisationsentwicklung zwischen Umweltorientierung und endogener Ressourcennutzung 17
   2.2 Exogene Kontexte: Die sich wandelnden externen Kontexte sozialunternehmerischen Handelns 19
      2.2.1 Marktorientierung zwischen Europarecht und „neuer Steuerung" 21
      2.2.2 Fragmentierungslinien im Versorgungsgeschehen: Sozialrecht, Kostenträger und trans-sektorale Schnittstellen 29
      2.2.3 Bedarfswandel: Sozio-demographische und epidemiologisch-nosologische Aspekte sowie sozialpolitische Schlussfolgerungen 31
      2.2.4 Normativer Paradigmenwandel: Empowerment und Konsumentenmacht. 34
   2.3 Endogene Kontexte: Interne Entwicklungsaufgaben der Sozialunternehmen 39
      2.3.1 Angebotswandel 40
      2.3.2 Unternehmensphilosophie und Personalentwicklung 42

3 Zukunftsszenarium 45

Literaturverzeichnis 51

Vorwort

Seit einigen Jahren führt das Zentrum für Versorgungsforschung der Medizinischen Fakultät der Universität zu Köln, insbesondere die wissenschaftlichen Mitarbeiterinnen Elke Driller und Ute Karbach unter der Leitung von Prof. Dr. Holger Pfaff, in Kooperation mit dem Seminar für Sozialpolitik der Wirtschafts- und Sozialwissenschaftlichen Fakultät der Universität zu Köln, hier insbesondere meine wissenschaftliche Mitarbeiterin Saskia Alich unter meiner Leitung, empirische Forschungsprojekte für den Brüsseler Kreis durch. Der Brüsseler Kreis ist eine Interessengemeinschaft von Sozialunternehmen, die im breiten Formenspektrum der Arbeit mit Menschen mit Behinderungen tätig sind. Die Forschungsfragestellungen drehen sich im Kern um die Frage der Alterungsprozesse von Menschen mit Behinderungen und der Entwicklung ihrer Netzwerke, um die Frage der deshalb notwendigen Wandlungen der Angebotsformen des Lebens, Wohnens und Arbeitens, des Betreuens und Versorgens und leiten so strategische Fragen zur sozialwirtschaftlichen Unternehmenspolitik in einem immer stärkeren Marktbezug ein.

Die wesentlichen Ergebnisse dieser ersten Forschungsaufträge sind in Krüger & Degen (2006) nachzulesen, jetzt bereits in einer zweiten Auflage.[1]

Eine zweites empirisches Projekt (INA-Studie), das methodisch hinsichtlich der Entwicklung von Erhebungsinstrumenten mit validierten Skalen erheblich aufwendig war, vertieft diese Fragenkomplexe im Rahmen von Primärerhebungen in Einrichtungen von Sozialunternehmen des Brüsseler Kreises. Es geht um die Inanspruchnahme und um die Perspektiven eines Wandels der Angebotsstrukturen der Behindertenhilfe unter Berücksichtigung der Entwicklungen der Netzwerkpotenziale alternder bzw. bereits älterer/alter Menschen mit Behinderungen.[2] Wie im ersten Forschungsprojekt so war auch in

---

[1] Vgl. aber auch umfassender Driller, E. & Pfaff, H. (2005). Soziodemographische Struktur von Menschen mit Behinderung in Deutschland. Abschlussbericht einer Studie im Auftrag des Brüsseler Kreises. ZVFK. Medizinische Fakultät der Universität zu Köln: www.zvfk.de.

[2] Pfaff, H., Alich, S., Driller, E. & Schulz-Nieswandt, F. (2007). Inanspruchnahme, soziales Netzwerk und Alter am Beispiel von Angeboten der Behindertenhilfe. Freiburg i. Br.:

dieser INA-Studie der Verfasser zusätzlich mit einer speziellen Expertise beteiligt, die nunmehr hiermit publiziert wird. Sie war im Herbst 2006 abgeschlossen worden und ist dem Vorstand des Brüsseler Kreises im November präsentiert worden und hat Eingang gefunden auf einer Fachtagung der Josefs-Gesellschaft, einem Mitglied des Brüsseler Kreises (Schulz-Nieswandt, 2007d).[3] Der Titel der Expertise lautete „Der soziale Sektor der Arbeit mit Menschen mit Behinderungen im Wandel. Eine strategische Analyse im Auftrag des Brüsseler Kreises". Diese Expertise liegt hier in nur leicht korrigierter Form und mit wenigen Erweiterungen der Literaturbasis unter einem Buchmarkt-orientiert veränderten, wohl verbesserten Titel vor.

Gerade diese Schriftenreihe „Mensch und Sozialordnung in der EU" scheint der richtige Ort für die Publizierung zu sein. Die europarechtlichen und -politischen Bezüge sind eng; aber es geht im Kern auch um die gesellschaftlichen Bedingungen menschlicher Existenz, um die Chancen auf Personhaftigkeit von Menschen mit Behinderungen als sozialpolitische Gestaltungsaufgabe. Das ganze zielorientierte Spannungsverhältnis, um das es in der Expertise geht, deutet der Untertitel an: Exogen setzt das Europarecht immer mehr deutliche Rahmenbedingungen für soziale Dienstleistungserstellung, endogen generiert die deutsche Politik bereits seit geraumer Zeit neue Steuerungsmechanismen, die ebenfalls wie das EU-Recht stärker marktoffen und wettbewerbsorientiert sind. Und schließlich fokussieren diese exogenen und endogenen Wirkkräfte im Leitbild von Empowerment: Mehr Autonomie für den der Hilfe bedürftigen Menschen. Doch wird Gesellschaft und Politik Acht geben müssen, dass diese anthropologische Performance nicht zur flachen Kundenideologie verkümmert. Trotz des Paradigmenwechsels, der hier zum Ausdruck kommt, bleiben komplizierte Fragen der bedarfsorientierten Ressourcensteuerung, bleiben tiefgründige Erkenntnisse der Ambivalenz von Hilfe und Kontrolle, Autonomie und Abhängigkeiten, von Bedürftigkeit, Würde, (gegenseitigem) Respekt, von Gabe, Geben und Nehmen, von Selbstständigkeit und Selbstverantwortung, aber auch von Mitverantwortung und Annahme

---

Lambertus (i. D.).

[3] Das Seminar für Sozialpolitik hat für die Josefs-Gesellschaft in Köln eine Untersuchung „Institutionelles Wohnen und Empowerment – Chance statt Widerspruch. Teilhabe fördern – selbstbestimmt leben. Empowerment in der JG-Gruppe" durchgeführt. Der Ertrag wird in Form einer Dissertation des wissenschaftlichen Bearbeiters, John Näthke, Ende 2007 vorliegen.

von Fremdhilfe bestehen (vgl. dazu umfassend Schulz-Nieswandt, 2008; ansatzweise bereits in ders., 2006b sowie in ders., 2007c).

Weitgehende Erweiterungen und Vertiefungen, die leicht möglich sind, aber von der Sachlage und daher unter dem zentralen Aspekt des Erkenntnisgewinns jedoch nicht erforderlich waren, sind unterblieben. Zumal 2008 eine sehr umfassende Monographie des Verfassers zum „Wandel der Medizinkultur" (in der Schriftenreihe der „Gesellschaft für Sozialen Fortschritt") das Thema in komplex-mehrschichtiger Analysestruktur trans-sektoral (und SGB V, IX und XII umfassend) fortführen wird (Schulz-Nieswandt, 2008). [4]

Dem Brüsseler Kreis ist besonders zu danken für die fruchtbare Zusammenarbeit. Die Forschungsfragen ebenso wie die Umsetzung in ein Forschungsdesign wurde interaktiv über eine Reihe von Workshops generiert. Die ganze mehrjährige Forschungsarbeit war sehr angenehm. Und ertragreich, wie an den angeführten Publikationen abzulesen ist. Die Publikationen im Lambertus-Verlag sind umfassend vom Brüsseler Kreis finanziell ermöglicht worden.

Die Zusammenarbeit des Kooperationsteams aus medizinsoziologischer und sozialpolitikwissenschaftlicher Forschung der beiden Kölner Fakultäten mit dem Brüsseler Kreis wird weitergehen. Aus dieser inter-disziplinären Zusammenarbeit ist nicht nur eine Freundschaft der beiden Instituts- bzw. Seminardirektoren entstanden. Es war vor allem auch eine Freude, die außerordentliche Forschungskompetenz unserer wissenschaftlichen Mitarbeiterinnen (Sakia Alich [anfangs noch Wölbert], Elke Driller und später auch Ute Karbach) sich entwickeln und schließlich im Forschungsertrag dokumentiert zu sehen. Forschungskompetenz wurde hier ergänzt mit viel Organisationstalent und sozialer Kompetenz. Elke Driller hat nunmehr die Dissertation eingereicht, Saskia Alich und Ute Karbach werden folgen.

Frank Schulz-Nieswandt,
Köln, Ende August 2008

---

[4] Hinzu kommen noch einige weitere einschlägige Aufsätze, die die Analysen und Argumentationslandschaften des Verfassers fortführen, so eine Abhandlung zur Frage „EU-Harmonisierung im Gesundheitswesen?" (dabei stärker als in der vorliegenden Arbeit konzessionsrechtlich argumentierend) sowie eine Reihe von gerontologischen Abhandlungen. Sie fließen hier aber nicht ein; die ursprüngliche Gestalt der Expertise sollte beibehalten werden.

Einleitung

Im Lichte knapp gehaltener und dichter Darlegungen normativer Bezugspunkte, die (Kapitel 1.1) primär philosophisch-anthropologischer Art sind (Liebesethik und Sorgearbeit) und in die Frage einer derartig orientierten Einzelsozialwirtschaftslehre (Kapitel 1.2) münden, stellt Kapitel 2 den Hauptteil der Arbeit dar.

In Kapitel 2 mit seinen ausdifferenzierten Teilkapiteln geht es um die strategische Situationsanalyse von Sozialunternehmen in einem vermehrt wettbewerblichen Umfeld. Insbesondere das EU-Recht wird als eine relevante Umwelt skizziert. Dabei wird aber die „Wahlverwandtschaft" (und erst in zweiter Linie eine Kausalität) zur nationalen „policy"-Dynamik unter dem Stichpunkt der „neuen Steuerung" betont.

Neben diesem Wettbewerbstrend als Umweltverschiebung stellt Kapitel 2 weitere relevante Veränderungen dar: die Fragmentierungen im Sozialrecht und die Schnittstellen verschiedener Leistungsfelder, der (demographische und epidemiologische) Bedarfswandel mit Blick auf sozialpolitische Konsequenzen und der normative Paradigmenwechsel, hin zum Empowermentgedanken (Knuf, 2006) und zur Praxis der Konsumentenmacht.

Vor diesem Hintergrund muss die anstehende, zum Teil bereits im Gange seiende, zum Teil aber noch kontroverse und nicht überall gewollte Organisationsentwicklung ressourcentheoretisch verstanden werden. Im Kern bedeutet das: Wie kann sich ein Sozialunternehmen leitbildorientiert (Dimensionen der Unternehmensphilosophie) in MitarbeiterInnen-orientierter Form (Dimension der Unternehmenskultur; vgl. auch Lüthy & Schmiemann, 2004; Fredersdorf u. a., 2006) an die veränderten Umweltentwicklungen anpassen? Wie kann die einzelne Sozialwirtschaft Identität bewahren, indem sie sich verändert? Die eigentliche Resultante dieses geglückten Wechselspiels zwischen Umweltveränderungen und unternehmerischer Organisationsentwicklung wäre ein dem sozialen Wandel passungsfähiges und daher optimales Angebotssystem.

Kapitel 3 (Zukunftsszenarium) ist in einem gewissen Sinne redundant. Es bringt gegenüber Kapitel 2 keine wesentlich neuen Erkenntnisse und Argumente ein, sondern fokussiert nochmals auf einige Kernaussagen und zwar in zukunftsbezogener Art und Weise.

KAPITEL 1

DER ANTHROPOLOGISCHE AUSGANGSPUNKT

Wenn der soziale Sektor der Arbeit mit Menschen mit Behinderungen im Wandel begriffen ist (vgl. grundlegend und insgesamt Schädler, 2003; Theunissen & Schirbort, 2006; Archiv, 2006), so bleibt der (kulturgeschichtlich [Müller, 1996;Goebel, 2002; Längle & Rühl, 2001; Riess, 2003; Roeder, 2001] überkommene) normative Bezugspunkt dennoch stabil. Es geht um einen Sektor, dessen Arbeit geprägt ist von einer sozialen Wohlfahrtsfunktion, die ihren Grund in der Sorge im sozialen Mitsein findet. Insofern geht die vorliegende Analyse davon aus, dass die Sozialwirtschaft eine organisierte Sorgearbeit ist, die ihre letztendliche, unhintergehbare und unverfügbare Axiomatik in einer Liebesethik (Schulz-Nieswandt, 2006a) – in der dialogisch gelebten Existenz des Zwischenmenschlichen – findet.

Diese Liebesethik, also die Sorge als Interesse am Anderen (Budka, 2006 mit Bezug auf Levinas in Hinblick auf die Integration von Menschen mit Behinderungen) als Modus des sozialen Mit-Seins, muss sich jedoch transformieren lassen (vgl. auch Leibold, 2005) in eine wettbewerbsfähige Sozialunternehmenswirtschaft (zum zielorientierten Kostenmanagement: Eisenreich & Peters, 2004; zum Controlling vgl. Schubert, 2000). Kapitel 1 skizziert diese Problematik.

Wie ist also die normative Axiomatik in ein neues Regime des „wohlfahrtsstaatlichen Kontraktmanagements" (Ruflin, 2006) hinüberzutragen? Oder muss man kritischer fragen: Hinüberzuretten? Liegt hier also nur eine höchst problematische Form der „Ökonomisierung" (Schäper, 2006) vor? Geht die pädagogisch-zuneigende Subjektverbundenheit (Schultebraucks, 2006) der axiomatischen Theorie des Helfens verloren?

1.1 LIEBESETHIK UND ORGANISIERTE SORGEARBEIT

Eine breite und tiefe Entfaltung einer philosophischen Anthropologie der Sorgearbeit ist hier weder möglich noch notwendig (Schulz-Nieswandt, 2006b sowie 2007c; Schulz-Nieswandt, 2008). Es sind nur knapp jene Ausgangspunkte des Denkens und Handelns in Erinnerung zu rufen, die notwendig sind, um die großen Herausforderungen des sozialen Sektors der Arbeit mit Menschen mit Behinderungen gerade angesichts unverrückbarer normativer Bezugspunkte angemessen zu verstehen.

SORGE ALS PRINZIP MENSCHLICHEN DASEINS

Mit Martin Heidegger (2001) ist zunächst zu argumentieren, dass das Dasein des Menschen als Existenz zu verstehen ist und somit als eine Praxis, die im zentralen Kern als Sorge gekennzeichnet ist. Gelingendes Dasein ist in diesem Lichte eine lebenslaufbezogene Entwicklungsaufgabe der menschlichen Person, die darin besteht, die An- und Herausforderungen des Lebenszyklus zu bewältigen. Dazu benötigt die menschliche Person Ressourcen. Und an diesem Punkt kristallisiert sich die praktische Sozialpolitik als organisierte Sorgearbeit heraus. Diese ganze Problematik einer derartig hergeleiteten Wissenschaft von der Sozialpolitik ist an dieser Stelle nicht zu rekonstruieren (Schulz-Nieswandt, 2006). Es reicht, allein den Befund herauszustellen, dass gelingendes Person-Sein ein Balanceakt zwischen individuellem Selbst-Sein, sozialem Mit-Sein und kollektivem Wir-Sein bedeutet.

LIEBE ALS LIEBENDES DASEIN IM SOZIALEN MITSEIN

Ohne hier diese ganze philosophische Anthropologie der Personalität im sozialen Mitsein diskutieren zu müssen (vgl. auch Schulz-Nieswandt, 2007b), bleibt mit Blick auf Heidegger jedoch allein der Einwand (des daseinsanalytischen Psychiaters Ludwig Binswanger: Binswanger, 1953; Schmidt, 2005) zu betonen, bei Heidegger fehle die Überführung der Sorge in die Liebe. Liebe meint hier sorgendes soziales Mitsein, also Selbstsorge im Kontext sozialen Mitseins mit dem Anderen.

Insbesondere die Studien von Erik H. Erikson (Erikson, 1988) zum gelingenden Daseinsvollzug im Lebenszyklus haben herausarbeiten können, wie wichtig das Entwickeln und Entfalten einer Orientierung an der Generativität (als pro-soziale Orientierung und als am gemeinen Wohl orientiertes Verhalten) als Entwicklungsaufgabe ist, wenn Menschen ihre Personalität im sozialen Mitsein sinn- und aufgabenorientiert bis ins hohe Alter (ja bis in den Sterbensprozess hinein) realisieren wollen.

Praktische Sozialpolitik als organisierte Sorgearbeit auf dem Weg zu einer Sozialwirtschaftspraxis

Es fällt nicht schwer, diese anthropologische Orientierung als normatives Fundament praktischer Sozialpolitik zu entfalten. Auch ein Teilsektor der praktischen Sozialpolitik ist die Arbeit mit Menschen mit Behinderungen tiefgreifend zu verstehen als eben diese liebende Hinwendung zum Anderen im Modus des sozialen Mitseins. Dies gilt gerade auch im Fragenkreis der Arbeit mit Menschen mit Behinderungen, weil hier die ganze Lebensführung, die ganze existenzielle Seinsweise des betroffenen Menschen (und nicht nur ein Aspekt oder eine Dimension) angesprochen ist:

- Wohnen (Lambers, 2004 sowie Thesing, 1998; Steffen u. a., 2006; anthropologisch mit Bezug auf Heidegger: Biella, 1998),
- Arbeiten (Bieker, 2005; Egger, 2003; Heinen & Tönnihsen, 2002; Lindmeier & Hirsch, 2006; OECD, 2004; Friedrich, 2006; Leder, 2006),
- Leben als (grundrechtlich eingeforderte: Welti, 2005; Hans & Ginnold, 2001; Strassmair, 2002; Wansing, 2005) Teilhabe am sozialen und kulturellen Geschehen insgesamt.

Diese anthropologischen Überlegungen sollen in dieser kurzen Dichte so belassen werden. Es schließt sich nunmehr und vielmehr die im vorliegenden Expertisenkontext entscheidende Frage an, wie sich eine solche praktische Sozialpolitik der Arbeit mit Menschen mit Behinderungen im pragmatischen Kontext einer Ökonomik knapper Ressourcen transformieren lässt zu einer Praxis der Sozialwirtschaft (Wendt, 2002; Bödege-Wolf & Schellberg, 2005; Herrmann, 2005), die die Liebesethik als Unternehmenspolitik der Sachzieldominanz im Rahmen eines marktorientierten Wettbewerbs entfalten können muss.

Das Problem kann reformuliert werden als Abbildung der liebenden Sorgearbeit in einer Balanced Scorecard (Ahn, 2003; Fischbaum & Spitaler, 2004; Friedag, 2005; Kortus-Schultes, 2003; Reisner, 2003; Scherer & Alt, 2002).

1.2 Die sozialunternehmerische Leistung: Die Abbildung der liebenden Sorgearbeit in einer Balanced Scorecard

Kapitel 2 zur strategischen Situationsanalyse wird zeigen können, dass sich die gesamte Lage des Sektors der Arbeit mit Menschen mit Behinderungen als Problem der Organisationsentwicklung (Wöhrle, 2005) darlegen lässt. Diese Organisationsentwicklung entzündet sich an der Dynamik der Umweltveränderungen von Sozialunternehmen, die immer mehr in einem marktorientierten Wettbewerbsumfeld (Herzog & Müller, 2002) agieren und ein optimales Passungsverhältnis zu dieser sich wandelnden Umwelt finden müssen, indem mit den eigenen Ressourcen eine entsprechende Organisationsentwicklung eingeleitet werden muss.

Das Problem besteht nun aber darin, dass die Zielfunktion (Miller, 2005 am Beispiel von Werkstätten) von Sozialunternehmen komplex und konfliktbeladen ist (vgl. Heinen & Tönnihsen, 2002 mit Bezug auf das Verhältnis von Rehabilitation und Rentabilität in Werkstätten). In einer obersten abstrakten Ebene der Balanced Scorecard-Betrachtung wird dies deutlich.

Sachziele und Formalziele

Für die Sozialwirtschaftslehre sind zwei Zielräume zu unterscheiden: die Sachziele und die Formalziele. Die vorliegende Analyse geht im Lichte der vorangestellten anthropologischen Bezugspunkte von einer zwingenden Sachzieldominanz aus. Formalziele sind zwar keine reinen Nebenbedingungen, sondern weisen ebenfalls Zielcharakter auf. Aber es handelt sich um zweitrangige, logisch nachgeordnete Sekundärziele.

SACHZIELE: VERSORGUNGSAUFTRAG, PERSONENZENTRIERTHEIT, ORIENTIERUNG AUF DIE ANGEHÖRIGEN UND AUF DIE MITARBEITERINNEN

Im Zentrum des deutschen Steuerungsregimes [1] – also im Kontext öffentlicher und öffentlich-rechtlicher Finanzierung und Steuerung privater („for profit"- und „non-for-profit"-orientierter) Leistungsanbieter – steht die Erfüllung der sozialrechtlich definierten Versorgungsaufträge. Diese sind in der Regel populations- und indikationsbezogen definiert, *in praxi* aber immer als Deckung individuellen Bedarfs zu verstehen.

PERSONENZENTRIERTHEIT

Versorgungsaufträge sind daher immer Elemente einer individualisierten Sorgearbeit an Seele und Körper konkreter Personen, auf die hin die Arbeit „zentriert" sein soll (z. B. als „Patientenzentriertheit"). Das Thema wird in der vorliegenden Analyse nochmals aufzugreifen sein, wenn in Kapitel 2.2.4 der Themenkreis „Empowerment und Konsumentenmacht" als normative Wandlungsdimension sozialunternehmerischer Umwelt (Knuf, 2006; Baudisch, 2000; Dommermuth, 2004; Doose, 2004; Greving, 2004; Hermes & Rohrmann, 2006; Jerg u. a., 2005; Kleine Schaars, 2006; Osbahr, 2003; Pfeil, 2004; Puchberger, 2004) strategisch zu beachten sein wird.

ANGEHÖRIGENZENTRIERTHEIT

In vielen Kontexten sozialer Dienstleistungen zeigt sich aber sehr schnell, dass sich der Versorgungsauftrag „stakeholder"-orientiert (Pfaff u. a., 2004) nicht auf die „Patienten" oder auf das sozialrechtlich unmittelbar definierte Klientel reduzieren lässt: In der Regel ist die – in vielfacher Perspektive relevante – Einbeziehung der Angehörigen und der sozialen Netze insgesamt von ebenso dringlicher Art (Heckmann, 2004; Archilles, 2005 sowie Haberthür, 2005, jeweils zu Geschwisterkonstellationen behinderter Kinder). Die Qualitätsdebatte im Bereich sozialer Dienstleistungen ist zunehmend Outcomes-orientiert: Es geht um die Messung nicht nur der harten klinischen Parameter, sondern der

---

[1] Ausführlicher in Schulz-Nieswandt, F. u. a. (2006). A Study on Social and Health Services of General Interest in the European Union. The Case of Germany. Eine Studie im Auftrag der EU-Kommission, erscheint 2007. Dazu auch Huber, M., Maucher, M. & Sak, B. (2007). Study on Social and Health Services of General Interest in the European Union. Final Synthesis Report, Prepared for DG Employment, Social Affairs and Equal Opportunities der Europäischen Kommission. Wien (erscheint demnächst).

Lebensqualität und der Zufriedenheit der betroffenen Personenkreise, der Nutzerkreise und der involvierten Netzwerkkreise (Drechsler, 2005; Dworschak, 2004; Lambers, 2004; Miller, 2005 am Beispiel von Werkstätten; Seifert u. a., 2001; Seifert, 2002 sowie 2003; Wagner-Willi, 2002). Strategisch liegt hier auch eine zentrale zukunftsbezogene Handlungslogik begründet: Sozialunternehmen müssen im Wettbewerb bei den Kostenträgern Outcomes-orientierte Kennziffern (Pfaff u. a., 2004) im Kontraktmanagement entwickeln und integrieren, also ergebnisorientiert optimale Strukturen und Prozesse der Leistungserstellung definieren und in die Vertragsverhandlungen einbauen. Umgekehrt muss der gewährleistende öffentliche oder öffentlich-rechtliche Kostenträger ent-regulierte Freiräume für derartig innovative, durch sozialunternehmerische Expertise generierte Produktentwicklungen vorsehen. Auf ein derartig zielorientiertes, dialogisches Kontraktmanagement ist später im Rahmen des Zukunftsszenariums in Kapitel 3 nochmals zurückzukommen.

MITARBEITERINNEN-ORIENTIERUNG

Sozialunternehmen müssen schließlich ihre eigenen Ressourcen, insbesondere das eigene Humanvermögen des Personals „stakeholder"-orientiert (Pfaff u. a., 2004; Lüthy & Schmiemann, 2004) begreifen. Die Nachhaltigkeit der betrieblichen Wertschöpfung, ja die zukunftsbezogene innovative Passungssuche zur dynamisch sich verändernden Umwelt bedarf der einbeziehenden und zu fördernden Pflege der unternehmensinternen Ressourcen (Keller, 1997 mit Bezug auf den Zielvereinbarungsdialog; Schmidt & Kleinbeck, 2006; Tondorf, Bahnmüller & Klages, 2004). Auch die ambulante Pflege hat auf sich selbst als „Arbeitskraftunternehmen" (Bathke, 2004) einen ressourcenorientierten Reflexionsprozess zu vollziehen.

FORMALE NEBENZIELE

Sozialunternehmen sind „sozial" (soziale Unternehmen), weil sie an dominanten Sachzielen orientiert sind. Aber sie sind in dieser Weise eben auch Unternehmen. Sie sind marktbezogen, dem Wettbewerb ausgesetzt, können als Grenzanbieter aus dem Markt scheiden, können also „scheitern". Letztendlich gibt es klare Liquiditätsgebote. Aber in dynamischer Perspektive geht es um komplexere formale Kennziffern betrieblicher Art.

Gemeinwirtschaftlich gesehen geht es um Fragen der Gewinnerzielung, die im Dienste der optimalen Erfüllung der dominanten Sachziele verwendet werden. Nicht die Gewinnerzielung, sondern die Gewinnverwendung ist entscheidend. Es wird später (Kapitel 2.2.1) nochmals aufzugreifen sein, dass die Steuerfreigemeinnützigkeit (Helios, 2005; Jachmann, 2006), die europarechtlich (Schulz-Nieswandt u. a., 2006) zunehmend problematisch wird, gerade im Lichte der Spielräume strategischen Managements keine Hilfe, sondern eher eine Restriktion darstellt. Im Zusammenhang mit Kapitel 2.2.2 kann dies unter dem Gesichtspunkt der strategischen Investition in trans-sektorale Leistungsprozesse, auch in sozialgesetzbuch-übergreifender Weise, zukunftsbezogen demonstriert werden. Gerade weil

– der Sozialrechtstatbestand der Behinderung nosologisch schwierig zu bestimmen ist (kulturvergleichend: Neubert & Cloerkes, 2001; zur Konstruktivität der Phänomene: Goebel, 2001; Längle & Rühl, 2001; Palmowski & Heuwinkel, 2002 zu den Wirklichkeitskonstruktionen der Menschen mit Behinderungen selbst [vgl. auch Schuppener, 2005 zu Selbstkonzept und Kreativität von Menschen mit Behinderungen]; Weisser, 2005; Scupin, 2003; zur Bilder-Produktion der Medien: Bosse, 2006) in Abgrenzung zu chronischen Erkrankungen (SGB V) und Pflegebedürftigkeiten gemäß SGB XI (zu Klassifikationsproblemen: Hirschberg, 2003; Meyer, 2004; Rentsch & Bucher, 2005; Wendt, 2003)

– und die in diesem Sektor beobachtbaren sozio-demographischen Prozesse (Kapitel 2.2.3; vgl. Degen & Krüger, 2006; Skiba, 2006) die Schnittstellen zwischen i) der Medizin (Abendroth & Naves, 2003; Bundesvereinigung, 2002), ii) der Pflege (Wendt, 2003) und iii) der Arbeit mit Menschen mit Behinderungen prägen,

kann es strategisch sinnvoll sein, integrierte, komplexe Leistungsstrukturen zu entwickeln, die – in gerontologischer Akzentuierung (in kindheits- und jugendbezogener Perspektive wäre die Schnittmenge rechtlich z. T. anders zu bestimmen) – im Schnittbereich von SGB IX, XII, XI und V angesiedelt sind. Gravierende, nicht akzeptable Fehlplatzierungen jüngerer Menschen mit Behinderungen wären ein Beispiel für Fehlentwicklungen im System (Drolshagen, 2006; Ernst, 2000 sowie ders., 2001 zur Psychiatrie [vgl. auch in Schott & Tölle, 2006]; Foster, 2000 zur De-Institutionalisierung; dazu auch Jantzen, 2003 sowie Theunissen, 2000; zu Hospitalismus und Wohnen: Neuenstein, 2003; Reissmann, 2005 zur Institutionalisierung in der Pflege; Skrypzinski, 2004 zur umgekehrten Sicht: Umgestaltung von Altenpflegeheimen für Menschen mit Behinderungen). Das alles ist aber eine strategisch bedeutsame Investitionsentscheidung. Jedenfalls wird, so die hier zu vertretende Marktstruktur-Prognose, das SGB V-gesteuerte Gesundheitswesen zunehmend auf einen Wandel der Versorgungslandschaften hinwirken (Schulz-Nieswandt, 2004; ders., 2004a; ders., 2006c). Diese neuen Versorgungslandschaften werden durch neue Betriebsformen am Markt geprägt sein, die die Tendenz zu komplexen, trans-sektoralen, auch die Altenpflege gesetzbuchübergreifend einbeziehenden Prozessen tragen werden (Schulz-Nieswandt, 2008). Die Frage ist, ob sich der Sektor der Arbeit mit Menschen mit Behinderungen aus diesem bedeutsamen Wandel der medizinisch-pflegerischen Versorgungslandschaften (Schulz-Nieswandt & Kurscheid, 2004; Schulz-Nieswandt, 2005; Schulz-Nieswandt, 2006c; Cortekar & Hugenroth, 2006) heraushalten kann und darf (vgl. Kapitel 2.2.2). Kann er das angesichts des soziodemographischen Wandels des eigenen Klientels (vgl. Kapitel 2.2.3)?

Die hier angesprochenen Dimensionen und Aspekte des gesamten Problemkreises sind nunmehr im Rahmen der strategischen Situationsanalyse von Kapitel 2 umfassender aufzugreifen. Die Darlegungen münden in Kapitel 3, da sich aus den aktuellen Wandlungsprozessen durchaus zukunfts-szenarische Strukturen herleiten lassen.

KAPITEL 2

DIE STRATEGISCHE SITUATIONSANALYSE

Die strategische Situationsanalyse wird verschiedene Umwelten beleuchten, die für das Verständnis der Entwicklungsnotwendigkeiten des Sektors der Arbeit mit Menschen mit Behinderungen von großem Interesse sind. Diese externen Kontextwandlungen (Kapitel 2.2) sind dann aus der Perspektive der unternehmensinternen Ressourcensituationen – transaktionalistisch – zu diskutieren.

UMWELTOFFENHEIT RESSOURCEN-BEWUSSTER UNTERNEHMEN

Transaktionalismus bedeutet hier das als Wechselwirkung zu verstehende Verhältnis exogener Herausforderungen und interner Bewältigungsressourcen. Eine (auch Marketing-orientierte: Fischer, 2000) Beobachtung allein der Umweltzustände und eine daraus abgeleitete Marktorientierung reichen jedoch nicht hin. Es geht vielmehr um passungsfähiges Change Management (Stolzenberg & Heberle, 2006; vgl. unten Kapitel 2.3). Im Zentrum steht hierbei eine unternehmensphilosophisch orientierte endogene Kulturentwicklung des Sozialunternehmens, wobei die Frage der Personalentwicklung im Vordergrund stehen wird. An sich geht es um die Fortentwicklung von Angebotsstrukturen und der darin zur Wirkung kommenden Modalitäten der Erbringung sozialer Dienstleistungen für und mit den nachfragenden, der kompetenzzentrierten Hilfestrukturen bedürftigen Menschen und ihren Netzwerken.

„Kulturen des Helfens" zwischen Unternehmensphilosophie und Personalentwicklung

Aber ein Wandel der Angebotsstrukturen und der in diesen Settings gelebten Erbringungs"anthropologie" (mit Bezug auf Pflege: Uzarewicz & Uzarewicz, 2005; umfassender Schulz-Nieswandt, 2008) erfordert ein Personal, das nicht nur die passungsfähigen fachlichen Voraussetzungen mitbringt. Es geht auch um verhaltens- und somit letztendlich qualitätsrelevante Motivationen, Einstellungen und Haltungen. Die Philosophie eines im Markt stehenden Sozialunternehmens und die daraus erwachsene „Kultur des Helfens" – die zweifelsohne mitten in paradigmatischen Sprüngen steht (vgl. Kapitel 2.2.4) – muss vom Personal gelebt werden. Unsere zentrale Überlegung lautet: Die korporative Identität, die als Unternehmensphilosophie leitbildfundiert und entsprechend konkret zielorientiert definiert wird, wird erst unternehmenskulturelle Gestaltqualität (Eiff & Stachel, 2006; Fredersdorf u. a., 2006) annehmen, wenn die handelnden Akteure diese Anthropologie der Hilfe inkorporiert haben, als Programmcodes ihres so genormten Handelns gespeichert haben und in diesem Lichte den Stil der kommunikativen Interaktionen pragmatisch prägen. Dann funktionieren die Ablaufprozesse im betrieblichen Geschehen gemäß einer ordnungsstiftenden sozialen Grammatik. Die Evolution einer solchen sozialen Grammatik, die von den hilfeabhängigen Menschen wiederum auch als Umwelten des kompetenz-orientierten Förderns im Sinne einer personalen Geschehensordnung positiv erlebt und angenommen werden soll, ist im Sektor der Arbeit mit Menschen mit Behinderungen noch vollständig im Gange. Die zur gewandelten Umwelt passungsfähige Fortentwicklung der unternehmensendogenen Ressourcen betrifft

- die konzeptionellen Orientierungsmuster (Leistungsspektrum, Angebotspalette als Tätigkeitsprofil) des Unternehmens,
- den (MitarbeiterInnen-bezogenen) Führungsstil und die entsprechenden unternehmensinternen Ablaufsteuerungen,
- die fachliche Struktur des Personals im multi-professionellen Sinne sowie die berufsspezifischen professionellen Selbstverständnisse und ihre transprofessionellen Kooperationskompetenzen.

2.1 Organisationsentwicklung zwischen Umweltorientierung und endogener Ressourcennutzung

Die Analyse wendet sich zunächst nachhaltigen Veränderungen in der Umwelt sozialer Unternehmen zu. Der empirische Befund kann im Rahmen dichter Darlegungen zum Modernisierungstrend in den Sektoren sozialer Dienstleistungen zusammengefasst werden.

Der Modernisierungstrend in der Erstellung sozialer Dienste

Es zeichnet sich seit Jahren im Sektor der (um den europarechtlichen Sprachgebrauch zu nutzen) Dienstleistungen von allgemeinem (wirtschaftlichen) Interesse eine „Modernisierung" (Schulz-Nieswandt, 2006d, S. 65 ff.) ab, die sich primär um Effizienzfragen dreht. Dabei geht es nicht nur um betriebliche Effizienz (Wirtschaftlichkeit der Unternehmen), sondern auch um allokative Effizienz, die nach der bedürfnisbezogenen Passungsfähigkeit des Dienstleistungsgeschehens fragt. Insofern geht es um ein komplexes Verständnis von Kosten-Effektivität: Mit welchen produktionstechnisch effizienten Angebotsstrukturen können Leistungsprozesse fundiert werden, die die beste Ergebnisqualität für den Verbraucher bewirken? Welche anreiz-kompatiblen Steuerungsmechanismen braucht man für diese Angebots- und Prozessentwicklung?

Diese Modernisierungsperspektive (GÖW, 2006) lässt sich (sowohl endogen bedingt: Evolution der „neuen Steuerung" in den Sozialsektoren als Ausdruck von wirksamen Theorieinnovationen des New Public Managements [Zutter Baumer, 2003], des New Governance [Schuppert, 2005, Reichard, 2006] etc. als auch exogen: Rückwirkungen und Relevanzwachstum des europäischen Rechts, insbesondere des Wettbewerbs-, Beihilfe- und Vergaberechts [Schulz-Nieswandt, 2005c; Hentschel, 2006; Bührle, 2006; Kresse, 2006] als essenzielles Anti-Diskriminierungsrecht der Binnenmarktlogik (der quasi vergrundrechtlichten Grundfreiheiten des gemeinsamen Marktes) als neues oder zumindest neu akzentuiertes Zusammenspiel des Staates (öffentliche und öffentlich-rechtliche Träger) als Finanzierungs- und Regulierungsakteur einerseits und den nicht-staatlichen, also freien (gemeint sind die freigemeinwirtschaftlichen: Schulz-Nieswandt, 2006f) und privaten Leistungsanbieter andererseits verstehen.

GEWÄHRLEISTUNGSSTAATLICHKEIT UND PREIS-QUALITÄTS-WETTBEWERB

Der Staat zieht sich auf den Status eines Gewährleistungsstaates (Reichard, 2006; Schuppert, 2005) zurück. Die Produktion erfolgt durch private und freie Träger. Ein solcher subsidiärer Vorrang der freien und privaten Leistungsanbieter reduziert die Produzentenrolle des Staates auf residuale Gebiete des völligen Marktversagens im Sinne des Nicht-Zustandekommens freier und privater Anbieter.

Zwei Ebenen der impliziten Markt- und Wettbewerbsorientierung dieser Modernisierung sind zu unterscheiden:
– Einerseits geht es wettbewerbsrechtlich um die Mechanismen der nicht diskriminierenden Ausschreibung und Betrauung, also um beihilferechtlich unbedenkliches öffentliches und öffentlich-rechtliches Kontraktmanagement als Rahmen von – was analytisch nicht sauber differenziert ist – Lizenzvergaben (Versorgungsaufträge), Projektmanagement und Zielvereinbarungen (insgesamt betrachtet im Lichte der Theorie regulierter Quasi-Märkte und der Wettbewerbssurrogate [GÖW, 2007]),
– andererseits geht es um den Wettbewerb zwischen den freien und privaten Anbietern.

Ziel dürfte es sein, Marktorientierung in der Steuerung zu implementieren, um so – aus der Sicht der Evolution von Wettbewerbsparametern – einen integrierten Preis-Qualitäts-Wettbewerb zu ermöglichen.

Innerhalb dieser Grundauffassung von Gewährleistungsstaatlichkeit bleibt Raum für weitere, weitreichende ordnungspolitische Steuerungsakzentuierungen. Verknüpft man diese Gewährleistungsstaatlichkeit mit der Implementierung von „persönlichen Budgets" (in variantenreichen Formen), so reduziert sich die Gewährleistungsstaatlichkeit auf Finanzierungsfragen, eventuell auf Qualitätsmanagement-Setzungen (die körperschaftlich sehr unterschiedlich: staatlich, para-staatlich, gesellschaftlich ausgestaltet sein können), denn ein angebots-steuerndes, auf die Entwicklung fachpolitisch definierter Versorgungslandschaften ausgerichtetes Kontraktmanagement zwischen öffentlichen und para-fiskalischen Trägern und Leistungsanbietern (kollektivvertraglich, individualvertraglich oder auch hoheitlich-planerisch) entfällt. Das „sozialrechtliche Dreiecksverhältnis" wird aufgelöst. Eine solche Form der reduzierten Gewährleistungsstaatlichkeit implementiert im Kontext der Modernisierung der Sozialsektoren das Steuerungszentrum „Konsument". Dies eröffnet weitgehende Grade der Marktorientierung. Kapitel 2.2.4 wird diese Diskussionslinie wieder aufgreifen. Kapitel 2.2.1 skizziert aber zunächst die europarechtlichen und europapolitischen Rahmenentwicklungen.

2.2 EXOGENE KONTEXTE: DIE SICH WANDELNDEN EXTERNEN KONTEXTE SOZIALUNTERNEHMERISCHEN HANDELNS

Beginnen wir die weitere Analyse mit der europarechtlichen und –politischen Entwicklung. Immer zu bedenken bleibt, dass sich die verschiedenen Umweltveränderungen verschachteln und sich dergestalt auch verstärken. Wir gehen in der Tat davon aus, dass das gesamte Ineinandergreifen verschiedener Entwicklungskräftefelder, also
- das Europarecht,
- die nationale Politik „neuer Steuerung"
- die normative Orientierung am Konsumenten, an dem souveränen (kompetenten) Nutzer bzw. am „ermächtigten" Subjekt, wodurch sich die Idee dialogischer Erstellung und Nutzung sozialer Dienstleistungen (Bensch & Klicpera, 2003; Greving, 2002 zu Hilfeplanung und entsprechendem Controlling; zur Hilfeplanung auch Urban, 2004) entwickelt,

sich als geschlossenes Modernisierungskonzept erweist. Ökonomisch gesehen handelt es sich um eine deutliche Markt- und Wettbewerbsorientierung in der Erstellungspraxis sozialer Dienstleistungen von allgemeinem (wirtschaftlichen) Interesse.

PATERNALISMUS-KRITIK

Anthropologisch gesehen hat zumindest die Hinwendung zur Person als kompetenter Steuerungsakteur, jenseits einer konsumententheoretischen Fokussierung, einen nicht-ökonomischen Bedeutungs-Überschuss. Die Expertise wird das noch darlegen (vgl. auch Schulz-Nieswandt, 2005d, S. 73; ders., 2006g, S. 223 f.), etwa im Kontext einer doppelten Interpretation der Ökonomik von Zielvereinbarungen (Schmidt & Kleinbeck, 2006 sowie Tondorf, Bahnmüller & Klages, 2004; Kapitel 3.2; vgl. Zutter Baumer [2003] zu „reflektierten" Zielvereinbarungen). Denn es ist kulturgeschichtlich angemessen, den personalen Charakter des sozialstaatlichen oder sozialwirtschaftlichen Klientels zu betonen (Liedke & Lippstreu, 2004). Selbst dort, wo die Selbstsorge (die aufgaben-orientierte Selbstverantwortlichkeit [als Selbst-Entwicklungs-Kompetenz] und die pragmatische Selbstständigkeit [als Selbst-Entfaltungs-Kompetenz] der konkreten menschlichen Persönlichkeit) begrenzt ist, bleibt die nun relativ bedeutsam werdende Fremdsorge des „Anderen" (des „Du" im sozialen Mitsein oder des „Wir" im gesellschaftlichen Solidarkreis) auf den unhintergehbar notwendigen Respekt vor der Personalität des relativ schwachen Dialogpartners im dialogischen Zwischenraum zwischen dem Menschen mit Behinderungen als dem Selbst einerseits (Schuppener, 2005) und den helfenden Berufen als dem Anderen im Du-Modus des sozialen Mitseins oder im Wir-Modus der kollektiven Sorgearbeit andererseits ein un-verrückbares Apriori der menschlichen Kommunikationsgemeinschaft.

POST-PATERNALISMUS!?

Dies hat die Schlussfolgerung zu bedenken, dass auch ohne stärkere Marktorientierung, also im Steuerungskontext eines sozialrechtlichen Dreiecksverhältnisses, sogar in der dergestalt geordneten stationären Arbeit, die nicht automatisch die strukturtypischen Eigenschaften einer „totalen Institution" annehmen muss, „Empowerment" (Knuf, 2006) als dialogische Erzeugung von wechselseitiger Personalität möglich sein muss. An den Debatten um SDM (Shared Decision Making) in der Arzt-Patienten-Beziehung, um „Informt Consent" (in der Medizinethik der Therapieentscheidung) etc. – die umfassende Literatur dazu soll hier nicht angeführt oder gar entfaltet werden – wird diese Möglichkeit evident. Asymmetrien – etwa in der (schwer reversiblen) Informationsverteilung, in den (temporal nicht spontan veränderbaren) Kompetenzprofilen etc. – müssen jedoch nicht ent-personalisierend gelebt werden. Eine unvermeidbare Abhängigkeit kann „angenommen", akzeptiert werden (auch das mag eine Entwicklungsaufgabe der Person im Lebenslauf sein); Hilfe kann relativ einseitig sein, eine Gabe kann relativ unbedingt sein, auf Reziprozität verzichtend. Der überholte Paternalismus beginnt ja erst dort, wo die Passungsfähigkeit fehlt, wo der Respekt verloren gegangen ist, wo Empathiekompetenzen fehlen, wo Perspektivenwechsel und Rollenverständnis defizitär sind (Niedecken, 2003; Pörtner, 2004; Lage, 2006) – letztendlich, wo die liebende Einnahme der Perspektive des Anderen fehlt. Wo diese Hinwendung – etwa durch als Schuld neurotisch gefühlte Dankbarkeit – erst Abhängigkeiten schafft (Goebel, 2001; Urban, 2004 zur sozialen Arbeit zwischen Hilfe und Kontrolle), die

die Gnade empfangende menschliche Kreatur infantilisiert oder gar in die psychodynamische Regression treibt, dort ist die „Kultur des Helfens" de-formiert (Bosch, 2005; Graumann, 2004; Rösner, 2002). Sie dient dann eher den sakralen Bedürfnissen der Seher, Heiler, Helden, „Muttertieren" und erdrückenden Vaterbildern, der Expertokratie und den systemischen Interessen der hierarchischen Ordnung. Diese Befunde sind aus der Soziologie, Psychologie und Ethnographie der Krankenhäuser, der Altenpflegeheime und anderen Gebilden institutioneller und diskursiver Ordnung bekannt (Schulz-Nieswandt, 2002).

2.2.1 MARKTORIENTIERUNG ZWISCHEN EUROPARECHT UND „NEUER STEUERUNG"

Wer sich den neueren Entwicklungen und Diskursen des Wechselverhältnisses europäischer und nationaler Politik im Rahmen des europäischen Mehr-Ebenen-Systems zuwendet (Schulz-Nieswandt u. a., 2006; 2006d, S. 65 ff. zu DA[W]I, Monti-Paket etc.), muss im Lichte der bereits mehrfach herausgestellten endogenen Evolution der „neuen Steuerung" davon absehen, in Brüssel die „Epiphanie des Bösen" zu erblicken.

DIE RELEVANZ DER EUROPÄISCHEN POLITIK-ARCHITEKTUR

Die Politik der „neuen Steuerung" ist seit ca. 15 Jahren wirksam im Werden: Sie ist kein exogen induzierter Brüssel-Effekt. Natürlich gibt es Rückwirkungen des Europarechts auf nationales Arbeits- und Sozialrecht. Die eindeutige Linie des EuGH in Fragen grenzübergreifender Inanspruchnahme medizinischer Leistungen oder im Fall der Leistungsexports von SGB XI-Leistungen im Fall der dauerhaften grenzüberschreitenden Altenmigration macht dies deutlich. Aber angesichts des völkerrechtlichen Vertragscharakters der EG bzw. EU und angesichts der im politikwissenschaftlichen Lichte deutlichen inter-gouvernementalen Entscheidungsstrukturen des politischen Systems der EU – auch wenn sich verfassungsähnliche Herrschaftsstrukturen (Dominanz des EU-Rechts auch gegenüber dem nationalen Verfassungsrecht) und staatsähnliche Aspekte (im Zusammenhang mit der Unionsbürgerschaft) ergeben und Teile der Rechtswissenschaft (wie der Verfasser auch) diese komplizierte Architektur Europas in hybriden Sprachformen etwa des Verfassungsvertragsgefüges zu fassen versuchen (Schulz-Nieswandt, 2006e; Scholl, 2006; Pester, 2006) – sind genetisch die Mitgliedstaaten souveräne „Herren der Verträge". Die EU-Kommission, die institutionell hinter der oftmals „kafkaistisch" orientierten Metapher von Brüssel als bürgerfeindliche Bürokratie personalisiert wird, ist in diesem Rahmen nur die „Hüterin der Verträge" und prüft in diesem Kompetenzgefüge (aus der neueren Literatur zur Kompetenzverteilung in der EU vgl. Ritzer, 2006 sowie Strohmayr, 2006) das, was sie prüfen muss: Die Übereinstimmung (Kompatibilität) nationaler Praxis mit dem EU-Recht, etwa dem Binnenmarktrecht, somit die Kompatibilität nationaler Praxis mit dem Anti-Diskriminierungsrecht von EGV und EUV, den Freizügigkeitsgeboten der Grundfreiheiten, den Wettbewerbs-, Beihilfen- und Vergabe- sowie Transparenzregelungen usw. (Schulz-Nieswandt, 2005c; Schulz-Nieswandt, 2005b). Daran ändert auch nichts die Subsidiaritätsklausel nach Art. 5b EGV. Denn die nationale Politik muss in den entsprechend relevanten Feldern und Rechtsmaterien mit den Unionszielen und den Integrationszielen der EG übereinstimmen. Die Mitgliedstaaten haben dementsprechende Verpflichtungen. Ansonsten und letztendlich müsste über die Exit-Möglichkeit nachgedacht werden. Oder an unterschiedliche Integrationsstufen. Aber diese Strategie, die im Kontext der Heterogenitäts-steigernden Erweiterungsrunden der EU immer wieder diskutiert und im Fall der Währungsunion auch praktiziert wird, betrifft nicht die konstitutiven – Grundwerte-fundierten – Elemente des europäischen Vertragsgefüges.

Sozialpolitik als „geteilte Kompetenz"

Vor diesem Hintergrund entwickelt sich die praktische Sozialpolitik mit allen ihren Teilfeldern in der Tat immer mehr zu einer „geteilten Kompetenz". Der Vertrag über die europäische Verfassung hätte dies auch so explizit vorgesehen. Auch ohne ratifizierte Verfassung (Rüger, 2006) unterliegt die Sozialpolitik bereits seit längerer Zeit diesem Trend. Diese gemeinsame Kompetenzwahrnehmung überrascht auch nicht angesichts der Binnenmarktrelevanz vieler sozialpolitischer Strukturen, Prozesse und Wirkungen. War die Forderung nach einer anreiz-kompatiblen Marktkonformität immer schon endogener Bestandteil nationaler Diskurse (etwa im ORDO-Liberalismus), so ist die EU-Rechts-Kompatibilität nationaler Sozialpolitikpraxis eine zwingende – aus der gesamten Idee der europäischen Integration erwachsene – Norm, die auf Modernisierungsprozesse im Sinne der Adaption hinauslaufen kann.

Die DA(W)I als Rechtsmaterie geteilter Kompetenz im europäischen Mehr-Ebenen-System

Insbesondere im Bereich der Dienstleistungsmärkte wird dies evident. Wie kontrovers Teile eines solchen binnenmarkt-kompatiblen Regelungsbedarfs sein können, zeigte die Debatte um die Dienstleistungsrichtlinie, die in Hinsicht auf das Herkunftslandprinzip ja auch schließlich revidiert wurde. Auch die Umsetzung der EU-Richtlinien in Form eines nationalen Anti-Diskriminierungsgesetzes verdeutlichte die Konfliktpotenziale (vgl. auch Hans & Ginnold, 2001).

Nationale Sozialstaaten als lernende Organisationen? Harmonisierung, Konvergenz – oder was?

Die Aktivitäten der EU-Kommission, aber auch die parallele und damit verknüpfte Rechtsprechung des EuGH im Bereich der Dienstleistungen von allgemeinem (wirtschaftlichen) Interesse (DA[W]I) – also Kommissions-bezogen die (rechtsdogmatisch durchaus umstrittenen) Mitteilungen, das Grün- und sodann das Weißbuch sowie die dadurch induzierten konsultativen Diskurse mit den nationalen Regierungen und den jeweiligen Zivilgesellschaften – verdeutlichen geradezu plastisch die Transformation nationaler praktischer Sozialpolitik in eine geteilte Kompetenz im Rahmen der Architektur der EU als Mehr-Ebenen-System (Schulz-Nieswandt, 2006e) zwischen (der Vertikalität einer) Verfassung und (der Horizontalität eines) Vertrag(es). Es muss jedoch deutlich heraus gestellt werden, dass diese gemeinsame Kompetenzwahrnehmung wohl nichts an der Vielfalt der Sozialstaatssysteme (auf langer Frist) ändern wird. Es gibt sicherlich auf der Basis dieser Systemvielfalt einen „Wettbewerb der Systeme", da es empirisch offenbar Evidenz für Zusammenhänge zwischen volkswirtschaftlicher, insbesondere arbeitsmarktpolitischer Performance einerseits und den typologisch fassbaren Sozialstaatsregimen andererseits gibt. Dabei kommen die Sozialversicherungs-dominierten kontinentaleuropäischen Staaten offensichtlich relativ schlecht weg. Aber diese makroökonomischen und systemspezifischen Zusammenhänge sind im vorliegenden Expertisenkontext nicht von zentralem Interesse. Aus der international vergleichenden Forschung wird evident, dass es ohnehin fruchtbarer ist, einzelne Politikfelder (Interdependenzen allerdings beachtend) statt ganze nationale Systeme zu analysieren. Die OMK, die Offene Methode der Koordinierung, auf die nochmals zurückzukommen sein wird, verdeutlicht jedoch, obwohl die OMK eine intergouvernementale Praxis ist, sehr wohl, wie teleologisch durchaus eine schleichende Harmonisierung angedacht ist (Schulz-Nieswandt & Maier-Rigaud, 2005). Denn wenn Indikatorsystem-gestützt im „peer-review"-Verfahren ein Benchmarking in einzelnen sozialpolitischen Feldern (Alterssicherung, Beschäftigung, Armutspolitik, Gesundheitswesen, Langzeitpflege – die Entwicklung wird wohl weiter gehen: Migration, Wohnungspolitik etc.) versucht wird, um so Lernprozesse zu induzieren, so macht die beabsichtigte Politik des „public shaming" doch nur Sinn, wenn sich Systeme des sozialen Schutzes und der sozialen Integration verändern. Aber von einem Europa des einheitlichen Sozialstaatstypus ist eben dieses Europa im Sinne einer historischen Zeitmodalität der „langen Dauer" sehr weit entfernt. Harmonisierung dürfte eher ein Thema ökonomischer Modellwelten der perfekten Normwelten sein. Angesichts der multiplen Zielfunktion des Benchmarking – darauf wird noch zurückzukommen sein – ist es auch unwahrscheinlich, ein nationales Beispiel für ein in jeder Hinsicht, eindeutiges Optimum zu finden. Die nationale Bilanz ist meist gemischt. Und umso mehr dürfte es unwahrscheinlich sein, den politikfeldübergreifenden Benchmarker zu finden. Kein Land wird in toto, also in jeder Hinsicht die „beste Welt" sein oder: die im Vergleich zu anderen unvollkommenen Welten die am wenigsten unvollkommene darstellen bzw. darstellen können.

Die Beurteilungsziele der OMK werden, wie gesagt, gleich nochmals zentrale Bedeutung für die DA(W)I erhalten. Doch wenden wir uns zunächst der Frage zu, wie die EU die DA(W)I überhaupt konzeptionell und definitorisch zu fassen versucht.

Im Fall der sozialen Dienstleistungen ist der Diskurs zwischen der EU-Kommission, den Mitgliedstaaten, der Zivilgesellschaft und der involvierten wissenschaftlichen Expertise durchaus noch offen und im Fluss.

DA(W)I UND DIE IDEE EINES EUROPÄISCHEN SOZIALMODELLS

Die EU-Kommission versteht die DA(W)I als wichtigen Kernbestandteil eines „europäischen Sozialmodells". Die oben nur kurz angerissene Debatte um die Vielfalt der Sozialsysteme und zur anhängigen Frage über Harmonisierung und Konvergenz der (im Wettbewerb stehenden) Systeme hat bereits deutlich gemacht, dass damit kein einheitlicher Typus des Sozialstaates gemeint ist. Sicherlich zeigt sich das Denken der EU-Kommission (übrigens ähnlich dem Denken der OECD [Schulz-Nieswandt & Maier-Rigaud,

2007; OECD, 2004 mit Bezug auf die Arbeitsmarktinklusion von Menschen mit Behinderungen] und der Weltbank) ganz geprägt von der neoklassischen Ökonomie und ist daher um die Betonung (und reformpolitische Beachtung) der Anreiz-Kompatibilität der Sozialschutzsysteme ideenpolitisch bemüht. Die EU-Kommission weist hier Züge eines relativ einheitlichen wissenschaftlichen Denkstils auf (Schulz-Nieswandt & Maier-Rigaud, 2005) und ist auf zentrale Ideen als „epistemische Gemeinschaft" fixiert. Sie rekrutiert ihr Personal wohl auch entsprechend ökonomisch und juristisch. Aber als radikal neo-liberale Doktrin kann man diesen Reform-orientierten Denkstil und Modernisierungskurs wohl nicht bezeichnen. Die Betonung eines (hier durchaus zur USA abgesetzten) Sozialmodells der EU durch die Kommission (Schulz-Nieswandt, 2006d, S. 65 ff.) drückt diese differenzierte Entwicklung aus.

Der Vertrag über die Verfassung (Schulz-Nieswandt, 2007) hätte auch hier diesen Charakter der DA(W)I als Kernelement eines europäischen Sozialmodells explizit gestärkt.

Die diskursive Konstruktion der DA(W)I

Es müssen nun verschiedene Aspekte des schwierigen Definitionsprozesses der DA(W)I kurz rekonstruiert werden. Was ist allgemeines Interesse? Was ist Wirtschaftlichkeit? Wann sind Dienstleistungen zwar von allgemeinem Interesse, aber nicht-wirtschaftlicher Natur? All das ist mit Blick auf die Rolle des Marktes und mit Blick auf die wettbewerbliche Steuerung zu sehen. Es wird sich schließlich das oben bereits angesprochene Zusammenspiel von Gewährleistungsstaatlichkeit (vgl. nochmals Reichard, 2006) und Marktorientierung sowie Wettbewerbssteuerung zeigen.

Daseinsvorsorge und Infrastruktureigenschaften

Man kann unter DA(W)I die Gebiete des öffentlichen Wirtschaftens, der öffentlichen Gewährleistung oder der öffentlichen Regulierung privater (bzw. freier) Träger des Wirtschaftens – also ein breites Spektrum des Marktersetzenden oder Markt-steuernden Governance-Regime des Staates zwischen Leistungs- und Gewährleistungsstaatlichkeit – verstehen, die staatsrechtlich (in der terminologischen Tradition von Forsthoff) als „Daseinsvorsorge" (Schulz-Nieswandt, 2005a und 2005b) in Deutschland definiert werden. Es schließt sich die (ebenfalls auch europapolitisch geführte) Problematik der PPP an (GÖW, 2004; Budäus, 2006; Schulz-Nieswandt, 2007b) an.

In der Regel handelt es sich um Infrastrukturgüter, also um Dienste und Einrichtungen im Raum, die durch die besondere Bedeutung der Verfügbarkeit, der Erreichbarkeit, der Zugänglichkeit und der Akzeptanz definiert sind. In der Regel handelt es sich um anthropologisch grundlegende Güter, die die elementaren alltäglichen Daseinsfunktionen der Menschen betreffen, und die gerade unter der Bedingung hochgradig funktional (und räumlich) ausdifferenzierter Gesellschaften grundlegende Fragen der Systemintegration und der sozialen Integration betreffen, etwa Wohnen und Verkehr, Energie, Wasser etc., Bildung/Kompetenzen, Wissen und Information, Gesundheit, Pflege, soziale Dienste der Haushaltswirtschaft, Sicherheit und Transparenz u. a. m.

Der EU-Diskurs hat diese Komplexität verstanden. Es geht bei der – auch Markt-orientierten – Sicherstellung sozialer Dienstleistungen um Fragen der Verfügbarkeit, Erreichbarkeit und Zugänglichkeit, der Kontinuität und Universalität, der Territorialität/Lokalität, der Wohnortbezogenheit und der Netzwerknähe, der Integration, der Komplexleistung, der Transparenz, Sicherheit und Bürgernähe, der Konsumentenaktivierung und der Qualitätssicherung und um viele weitere Aspekte, die insgesamt hohe Anforderungsprofile definieren hinsichtlich der Produktion, Distribution und Konsumtion der Dienstleistungen.

EVALUIERUNGSZIELE UND DIE OMK

Wir kommen an dieser Stelle auf die angesprochene mehrdimensionale Zielfunktion der OMK zurück. Dabei kann auch der Trend zur (sozialen) Vergrundrechtlichung in der EU (Schulz-Nieswandt, 2005d; Schulz-Nieswandt u. a., 2006) in die Betrachtung integriert werden (aus der neueren Literatur zur Grundrechtsproblematik in der EU vgl. Stachel, 2006; Brosius-Gersdorf, 2005; Bühler, 2005). Sodann kann sich die Analyse der Frage des wirtschaftlichen Charakters dieser Dienstleistungen zuwenden.

Die OMK geht davon aus, dass die Evaluierung der sozialen Schutzsysteme im Kern drei Kriterien berücksichtigen muss:
– freier Zugang zu den Einrichtungen und Diensten, zum Teil bei der EU-Kommission reduziert zum Kriterium wohlfahrtsoptimaler Preise bzw. erschwinglicher Preise,
– hohes Qualitätsniveau
– und fiskalische Nachhaltigkeit.

Nun zum Problem der Wirtschaftlichkeitseigenschaften von Dienstleistungen.

Wirtschaftlichkeit und Marktbezogenheit

Die Diskussion um die Frage der Relevanz des europäischen Wettbewerbsregimes für die Sektoren der sozialen Dienstleistungen zentriert sich zum Teil um die Frage, ob dieser Sektor zwar als DAI, aber nicht als DAWI zu definieren sei (Schulz-Nieswandt, 2005a; ders., 2005b sowie 2005c). Den Infrastrukturbereichen der technischen Daseinsvorsorge (Elektrizität, Wasser, Verkehr, Abfall und Entsorgung etc.) sowie dem Kreditsektor (hier insbesondere mit Blick auf Sparkassen und Landesbanken [wo sich erst kürzlich eine europarechtlich bedingte Entkoppelung ergeben hat] sowie Kreditgenossenschaften) – also insgesamt dem Funktionsbereich der kommunalen Selbstverwaltungswirtschaft (GÖW, 2007) – wird der Charakter als Dienstleistungen von allgemeinem wirtschaftlichen Interesse zugeschrieben. Gerne ziehen sich einige Teile der Zivilgesellschaft auf die Position zurück, der Sektor der sozialen Dienstleistungen (Gesundheitswesen, Langzeitpflege, Jugendpolitik, Armutsbekämpfung etc. etc.) sei zwar von allgemeinem Interesse, also Gegenstand von Gemeinwohlerwägungen und ein Gebiet von höchstem öffentlichen Interesse, aber eben nicht-wirtschaftlicher Art.

Trotz grundsätzlicher Sympathie für die Aufgaben der freien Träger, die hier als Teil des Dritten Sektors (Schulz-Nieswandt, 2006f; Schulz-Nieswandt, 2006, S. 140 ff.; Helmig u. a., 2006) verstanden werden, vertritt der Verfasser die These, dass die spezifische soziale Wohlfahrtsproduktionsfunktion nicht hinreicht, diesen Sektor aus dem Regelungsbereich des EU-Wettbewerbsregimes herauszunehmen. Zweifelsohne ist die (sozialkapitaltheoretisch begründbare: Schulz-Nieswandt, 2006f) Betonung des „sozialen Mehrwertes" der frei-gemeinnützigen Tätigkeit der organisierten Sorgearbeit zu schätzen. Doch ließen sich soziale Externalitäten – also die Stiftung von sozialen Nutzen – auch im Rahmen eines kreativen Kontraktmanagements ebenfalls realisieren. Allerdings müssen (wie die Problematik des selektiven Kontrahierens im Gebiet des SGB V zeigt: Schulz-Nieswandt, 2006c) hier erhebliche (neue) Transaktions- und Regulations(regime)kosten berücksichtigt werden, was bislang im einschlägigen Diskurs nicht hinreichend geschieht. Auf europarechtlicher Ebene zeichnet sich aber genau dies ab (Schulz-Nieswandt, 2006b, S. 71 f.): Zwar wird es keine sektorielle Ausnahmeregelung geben in dem Sinne, dass ganze Zweige sozialer Dienste aus dem Geltungsbereich der europäischen Wettbewerbsregimelogik herausgenommen werden; aber aus transaktionskostentheoretischen Überlegungen heraus wird es *de mi-*

nimus-Regelungen für die allgemeine Ausschreibungspflicht und für entsprechende Notifizierungspflichten geben. Hier spielt die Lokalitätsgebundenheit der Dienste bzw. Angebote argumentativ maßgeblich hinein. Dies rückt nach Auffassung des Verfassers die Ökonomik der Betrauungsakte in den Vordergrund. Auch dies ist ein Wettbewerbssurrogat, wird hier in die bilaterale Betrauungsbeziehung zwischen (öffentlichen/öffentlich-rechtlichen) Kostenträgern einerseits und Leistungsanbietern andererseits ein Benchmarking (Nachweisbarkeit zumindest des marktdurchschnittlichen Wirtschaftens) zwingend einzubauen sein, um Effizienzsteigerungen zu erzielen.

Damit ist implizit bereits das zweite Problemkriterium im Diskurs um den wirtschaftlichen Charakter von DAI angesprochen: die Marktbezogenheit der Dienstleistung. Der wirtschaftliche Charakter der Tätigkeit hängt nicht von der Nonprofit-Orientierung, daher auch nicht von der Trägerschaft oder der Unternehmensrechtsform ab. Die EU – d. h., die EU-Kommission und der EuGH – vertreten die Position eines funktionalen Unternehmensbegriffs. Wenn es Konkurrenten (eventuell im Moment einer Konkurrentenklage vor dem EuGH) gibt, gibt es einen Markt. Dann hat die einzelwirtschaftliche Tätigkeit definitiv einen Marktbezug und ist eine Dienstleistung von allgemeinem und wirtschaftlichem Charakter. Mit Blick auf die Debatte um ein europäisches Sozialmodell darf an dieser Stelle nochmals in Erinnerung gerufen werden, dass – immerhin – die EU die Dienstleistungen von allgemeinem Interesse anerkennt und somit prinzipiell Gemeinwohlfragen – eine theoretisch alles andere als triviale und geklärte Problematik – nicht auf privatisierte Einzelinteressen (und Formen ihrer Addierung) reduziert. Das zieht, wie bereits skizziert, die Gewährleistungsstaatlichkeit (Reichard, 2006; Schuppert, 2005) als modernisierter Governance-Modus des Wohlfahrtsstaates nach sich, einzelwirtschaftlich als wohlfahrtsstaatliches Kontraktmanagement (Ruflin, 2006; Zutter Baumer, 2003 zum New Public Management in der Heilpädagogik). Gleichwohl zwingt das europäische Recht zu einer Markt-offenen Ökonomisierung, da die Modalitäten der Erstellung sozialer Dienste markt- und wettbewerbskonform in der Logik des Binnenmarktes ausgestaltet sein müssen. Kurzum: *Teleologisch* (Zielausgerichtetheit) lässt die EU die Wohlfahrtsstaatlichkeit zu; *modal* (Art und Weise) erzwingt sie Marktoffenheit und Wettbewerbssteuerung.

Ein großer Teil der theoretischen Literatur in der Ökonomie (vor allem im Umkreis der neuen Institutionenökonomie) geht davon aus, dass die Trägerfrage in der Tat nicht entscheidend ist für die (effiziente und effektive) Erfüllung öffentlicher bzw. öffentlich relevanter Aufgaben (Wandel von der institutionellen zur funktionellen Sicht öffentlicher Aufgabenwahrnehmung), sondern die Rahmenbedingungen, also vor allem das rechtliche Regulationsregime. Dennoch dürfen zumindest zwei – aus der Sicht des Verfassers – gefahrvolle Effekte in Erinnerung gerufen werden:

- Einerseits ist unter dem Aspekt des wettbewerbsrechtlich noch forcierten Marktbezugs von Nonprofit-Unternehmen der strukturelle Druck zur Konvergenz (in Richtung auf erwerbswirtschaftliches Management) zu beachten; hierdurch können schleichende unternehmenskulturelle Sinn- und Verhaltenstransformationen ausgelöst werden, die eine Erosion eines freigemeinwirtschaftlichen Sektors herbeiführen (können). Es wäre gesellschaftsordnungspolitisch zu fragen, ob dies erwünscht ist.
- Andererseits wird auch unabhängig vom Verbleibeschicksal der Frei-Gemeinwirtschaftlichkeit fraglich, wie lange sich die Dominanz der Sachziele gegenüber der Formalziele wird halten können. So könnte ein Verlust komplexer Stakeholder-Orientierungen erfolgen. Auch dies müsste gesellschaftsordnungspolitisch bedacht werden, zeichnet sich derzeit doch eher die Diskussion ab, wie es der Gesellschaft gelingen könnte, insgesamt ein Denken in Stakeholder-Orientierungen auf allen Ebenen (Mikro-, Meso- und Makroebene: Einzelverhalten, Unternehmensverhalten, Gruppen- und Generationenverhalten) der Gesellschaft zu pflegen.

2.2.2 FRAGMENTIERUNGSLINIEN IM VERSORGUNGSGESCHEHEN: SOZIALRECHT, KOSTENTRÄGER UND TRANS-SEKTORALE SCHNITTSTELLEN

In Kapitel 2.2.4 wird mit Bezug auf die Frage nach einer *Marktevolution der Integrationsmedizin im Wirkfeld des SGB V* eine Parallele zum Sektor der Arbeit mit Menschen mit Behinderungen gezogen. Dabei geht es

a) um die Notwendigkeit der Integrationsversorgung (die gleich noch in Kapitel 2.2.3 im Lichte sozio-demographischer und hiermit korrelierter epidemiologischer Wandlungen unmittelbar evident wird) und
b) um das tiefere Verständnis der nicht-trivialen Voraussetzungen und Barrieren eines solches Pfades in die Komplexversorgung.

Es ist nunmehr zu betonen, dass die Probleme im Sektor der Arbeit mit Menschen mit Behinderungen ähnlich gelagert sind. Das gilt für den Aspekt der veränderten bedarfs- und nachfrageseitigen Herausforderungen in Richtung auf die Angebotsstruktur; das gilt aber auch für die Entwicklungsbarrieren einer neuen Landschaft des – vom Empowermentgedanken (Knuf, 2006) zunehmend getragenen – Lebens, des Wohnens und des Arbeitens, aber auch des Betreuen und des Versorgens. Nicht nur sind hier die Schnittbereiche zur medizinischen und (alten)pflegerischen Arbeit zu betonen, womit die Überlegungen unmittelbar in die Diskursräume zur Integrationsversorgung im SGB V-Bereich münden. Es geht auch um die Problematik der auf die Bedarfe abstellenden leistungsrechtlichen Integration mit Blick auf die in die Behindertenhilfe zentral einwirkenden Rechtsbereiche (Archiv, 2006).

Die Ausführungen, die in Kapitel 2.2.4 zum neuen Instrument des persönlichen Budgets gemacht werden, werden

– das Problem des „Herumirrens" des hilfesuchenden und hilfeberechtigten Menschen (und seines Case Managers) im Dickicht der Sozialgesetzbücher SGB IX, II, XI und V verdeutlichen. Und dies, obwohl die moderne Auffassung von sozialen Diensten des SGB I unbrüchige, integrierte Leistungen betont; und
– so ist auch das Problem des Leistungsanbieters angesichts dieses sozialrechtlichen Kompetenzgewirrs angemessen zu verstehen.

Dass sich Kapitel 2.2.4 auf den Punkt a) konzentrieren wird, seien hier einige Aspekte zum Punkt b) herausgearbeitet. In der fachlichen Diskussion sind dies alles keine neuen Erkenntnisse. Sie spielen aber im Rahmen der Frage nach einer (Markt-orientierten) Modernisierung des Sektors eine besondere Rolle. An ihrer Lösung wird sich die Qualität zukünftiger Entwicklungen entscheiden.

Dabei ist die Schnittfläche zum SGB V ebenso bedeutsam wie die bereits seit längerem die Diskussion füllende Schnittstelle zum SGB XII. Aber auch die Neuordnung der bundeslandspezifischen Konstellationen örtlicher und überörtlichen Sozialhilfeträger ist von Bedeutung.

Problematisch ist die Diversifizierung der Sozialhilfezuständigkeiten im Rahmen der Bundeslandentwicklungen. Zum Teil wird die Behindertenarbeit kommunalisiert, zum Teil überörtlichen Trägern zugeordnet, zum Teil bleiben duale Zuständigkeiten bestehen. Für überregional tätige, verzweigt arbeitende Sozialunternehmen ergeben sich mitunter transaktionskostenintensive Konstellationen. Vor allem wirken sich duale Zuständigkeiten als blockierend aus. Für eine Kommunalisierung spricht – auch mit Blick auf Trends einer eben solchen Kommunalisierung der Altenpflegepolitik im Zuge der Landespflegegesetzgebungen – eine verörtlichte Sozialraumbezogenheit der Generierung moderner, vernetzter Angebotslandschaften. Nicht selten sprechen aber historisch gewachsene Kompetenzaspekte für überörtliche Rollenzuschreibungen.

Insgesamt bleibt also weiterhin einzufordern, dass unter Integrationsaspekten sowohl das Verhältnis von SGB V und SGB XI als auch das Verhältnis von SGB XI und SGB XII stärker ineinandergreifend gestaltet werden müssen. Das GKV-Wettbewerbsstärkungsgesetz verspricht hinsichtlich der Sozialgesetzbücher V und XI einige Innovationen, die aber noch konturlos sind. Das autistische Nebeneinander der relevanten Sozialgesetzbücher mit Blick auf die Komplexbedarfslagen des Menschen mit Behinderungen bleibt weitgehend wohl auch ungeordnet.

2.2.3 BEDARFSWANDEL: SOZIO-DEMOGRAPHISCHE UND EPIDEMIOLOGISCH-NOSOLOGISCHE ASPEKTE SOWIE SOZIALPOLITISCHE SCHLUSSFOLGERUNGEN

Der soziale Wandel der Population der Menschen mit Behinderungen ist – auch mit sozialpolitischen Schlussfolgerungen des Verfassers – an anderer Stelle dargelegt worden (Krüger & Degen, 2006). Herausgestellt worden ist neben vielerlei weiterer Details vor allem die Heterogenität der Lebenslagen der Menschen, die mit Behinderungen altern einerseits und andererseits der Menschen, die im Alter die Behinderungen erst erwerben.

Insgesamt zeichnen sich zentrale Herausforderungen ab: Grundlage einer jeden Analyse der Alterung behinderter Menschen muss demnach die Erkenntnis der bis in das hohe Alter erhaltenen Veränderungspotenziale (die Plastizität) sein. Zu dieser Grundlage gehört die Erkenntnis, dass die Alterungsprozesse bei Menschen mit Behinderung nicht grundsätzlich anders verlaufen als bei Menschen ohne Behinderung. Somit ist also von einer prinzipiell gegebenen Vergleichbarkeit von Menschen mit und ohne Behinderungen in zentralen Dimensionen des Alterungsprozesses auszugehen. Das bedeutet ferner, dass auch im Fall der behinderten Menschen durch den historischen Wandel mit Kohorteneffekten zu rechnen sein wird. Die Population bleibt nicht zeitlich stabil in ihrem Profil an Defiziten und Kompetenzen und Ressourcen, sondern verändert sich. Auch für einen großen Teil der behinderten Menschen gilt das Theorem, wonach Altern ein soziales Schicksal darstellt, nicht einfach einen genetisch völlig vorprogrammierten und dann biologisch ablaufenden Prozess als Funktion der Zeit. Die allgemeine gerontologische Erkenntnis der Heterogenität der Alternsformen und der Varianz des Alters (sowie der Plastizität bis ins hohe Alter) gilt auch für viele Behinderte. Es kann also der Erkenntnis gefolgt werden, wonach jegliche ontogenetische Betrachtung von einem Wechselspiel biologischer und kultureller Prozesse und Faktoren auszugehen hat.

In diesem Lichte ist die These der Angleichung der Lebenserwartung vieler Behinderter an die Lebenserwartung der Bevölkerung insgesamt nicht unplausibel oder gar überraschend. Aber es passt zur Heterogenitätsthese, wenn auch innerhalb der Population der Behinderten eine Subgruppen-Differenzierung vorgenommen wird. Und auch auf inter-personaler Ebene ist die Inhomogenität bei diagnostizierter Hauptbehinderungsform festzustellen und festzuhalten. So schließt dieser differenzielle Blick eine vorzeitige Alterung mit früher Sterblichkeit für bestimmte Subgruppen keineswegs aus. Die Literatur hat dafür nicht nur ätiologische Ursachen ausmachen können, sondern auch korrelative Risikofaktoren, seien es Ko-Morbiditäten oder Organfunktionsdefizite, seien es funktionelle Einschränkungen mit Blick auf die Möglichkeiten der selbstständigen Alltagsführung. Auch Defizite in der Förderumwelt spielen eine Rolle. Schließlich bedeutet Annäherung an die Altersstrukturprofile der Bevölkerung insgesamt nicht, dass die Abstände in der Lebenserwartung völlig angeglichen werden. Abstände bleiben bestehen, wiederum differenziert nach Subgruppen. Dennoch gilt insgesamt, dass mit einer Zunahme der Gruppe der über 65jährigen insgesamt zu rechnen sein wird. Allerdings wird in der Gesamtgruppe keine „Demokratisierung" des Sterbealters eintreten; die ätiologischen bzw. inter-individuellen Varianzen sind beträchtlich. Für einen Teil der behinderten Menschen „demokratisiert" sich die Lebenserwartung aber sehr wohl; sie holen gegenüber der Bevölkerung insgesamt auf. Wenngleich der Schweregrad bzw. das Vorliegen von Mehrfachbehinderung hier deutliche Differenzierungen induzieren, so verändert sich in sozialpolitischer Perspektive diese Population. Auch hier kristallisiert sich der mitunter sozialpolitische Interventionsspielraum durch eine soziale Förderkultur und durch die gesellschaftliche Umgangsweise mit behinderten Menschen insgesamt.

Praktisch-sozialpolitische Schlussfolgerungen sind zu ziehen (angelehnt an Schulz-Nieswandt, 2006h, S. 175 ff.):
– Es kristallisiert sich der sozialpolitische Interventionsspielraum durch eine soziale Förderkultur und durch die gesellschaftliche Umgangsweise mit

behinderten Menschen insgesamt heraus. Die Bilder vom behinderten Menschen müssen sich ändern.
- Die steigende Lebenserwartung zwingt zu Innovationen in der Entwicklung passungsfähiger Wohn- und Lebensformen, einschließlich integrierter Versorgungs- und Betreuungsstrukturen.
- Die notwendige Fortentwicklung der Versorgungssysteme gilt generell für die ältere Population. So beruht die intensive Debatte um die Notwendigkeit vermehrt integrierter Behandlungs-, Versorgungs- und Betreuungslandschaften auf einem mit der Demographie korrelierten anderen epidemiologischen Bild vom Alter. Im Zentrum steht der chronisch und/oder multimorbide kranke Mensch mit nachfolgender funktioneller Beeinträchtigung, Hilfe- und Pflegebedürftigkeit oder Behinderung. Am Ende der Versorgungskette steht das Pflegeheim als gerontopsychiatrische Einrichtung, die Palliativmedizin und –pflege, insgesamt der anthropologisch begründete Ruf nach einer neuen Organisationskultur des Sterbens.

Am weitesten ist die Diskussion – nicht der reale Wandel – im Medizinbereich. Systematisch gründen die Diskurse im fragmentierten Medizinsystem und im fragmentierten System des Leistungsrechts und der Kostenträgerschaften im System der Sozialgesetzbücher auf der Basis eines Kausalprinzips. Verschärft wird das Problem der Sicherstellung unbrüchiger Versorgungsketten durch die zunehmenden Pauschalvergütungen von einzelnen Sektoren. Hier ist auf das DRG-Regime der Krankenhausvergütung hinzuweisen. Die Optimierung des Mikrokosmos „Krankenhaus" bedarf dann um so mehr der transsektoralen Sicherstellung optimaler Patientenpfade. Das bisherige fragmentierte System geht in der Tat an den realen, komplexen, vor allem verschachtelten Lebenslagen der älteren und alten Menschen vielfach vorbei. Die Gesetzgebung reagiert langsam. Der Wandel der Betriebsformen und in der Folge der ganzen Versorgungslandschaften verläuft langsam und nicht widerspruchsfrei. Der Gesetzgeber setzt erste strukturelle Akzente. Geriatrisierung und somit mehr Rehabilitationsorientierung in Medizin und Pflege, aber auch vermehrtes Präventionsdenken und –handeln in Medizin und Pflege sowie im ganzen Lebenslauf sind forcierte Diskurselemente. In der Pflege macht sich vermehrt ein Denken und eine Politik der Kommunalisierung breit. Dabei sind auch komplementäre soziale Dienstleistungsbereiche stärker zu berücksichtigen. Insgesamt geht es darum, einer neuen medizinischen Anthropologie im Rahmen neuer Betriebsformen und neuer Versorgungslandschaften den Weg zu bahnen. Der personale Status des alten Menschen bis hinein in den Tod ist zu wahren und zu stärken. Versichertenrechte, Patientenschutz und insgesamt soziale Grundrechte des Menschen im Lebenslauf, angetrieben auch von neueren europarechtlichen Entwicklungen, sind verstärkt aufkommende und wirksame Elemente einer neuen Diskurslandschaft.

All das gilt natürlich auch für den behinderten Menschen. Bei ihm fügen sich diese Versorgungs-, Behandlungs- und Betreuungsfragen jedoch in den anthropologisch vielmehr existenziellen Fragenkreis des Lebens und des Wohnens insgesamt ein. Die Kontroversen um die Frage der Wohn- und der Lebensformen der Zukunft ist noch nicht am Ende, vielmehr erst am Anfang. Die De-Institutionalisierungsprozesse sind noch voller offener Fragen; und auch die Zukunft der stationären Langzeiteinrichtungen auf der Grundlage neuer, souveränitätsorientierter Behindertenbilder ist noch weitgehend ungeklärt. Zunehmend wird auch die familiale Lebenswelt behinderter Kinder zum Thema. Dabei interessiert das Zusammenspiel von Belastungen, Ressourcen und Kompetenzen.

Die Varianz des Alters ist hoch. Jede Analyse jenseits eines differenziellen Blicks ist wissenschaftlich überholt. Die gesellschaftliche Umgangsweise mit dem Alter sollte diesem Befund Rechnung tragen. Ein schwieriger Korridor zwischen Verharmlosung der Alterung und Dramatisierung der Alterung unserer Gesellschaft ist zu entdecken und zu begehen. Die Potenziale des Alters sind ebenso zu betonen wie die Anforderungen an Gesellschaft und Wirtschaft, die aus dem demographischen Wandels in gravierender Weise resultieren werden. Neue Altersbilder sind Teil des differenzierten sozialen Wandels, den es zu durchlaufen gilt. Das Denken in Vielfalt und Vielgestaltigkeit ist ein Denken in widerspruchsvoller Komplexität.

2.2.4 Normativer Paradigmenwandel: Empowerment und Konsumentenmacht

Diskutieren wir das Instrument des persönlichen Budgets (AHA e. V. & Windisch, 2006) im Sektor der Arbeit mit behinderten Menschen (Schmidt, 2005; Wacker u. a., 2005), so müssen wir uns zunächst von der gleichartigen Debatte im Geltungsbereich des SGB XI trennen (Klie & Spermann, 2004), wenngleich das trägerübergreifende bzw. das integrierte Budget ja SGB XI-Leistungen – entweder als Pflegegeld oder als sachleistungsgebundene Gutscheine – einschließen können. In diesem Geflecht der Sozialgesetzbücher IX, XII und

XI ist das Recht um diese experimentelle Innovation geöffnet (Wacker u. a., 2005).

OFFENE FRAGEN DER STÄRKUNG DES STEUERUNGSZENTRUMS „KONSUMENTENMACHT"

Wir sind der Meinung, dass, auch wenn der bisherige Stand der Begleitforschung und der begleitenden Diskussion eigentlich kein umfassendes, validiertes Wissen generiert, das Instrument durchaus als Option in die Regelversorgung aufgenommen werden sollte. Ansonsten wird aber ein sehr differenziertes Bild von den Möglichkeiten und Grenzen des Instruments angebracht sein. Einige Überlegungen sollen angeführt werden.

DIFFERENZIELLE DIAGNOSTIK UND CASE MANAGEMENT

Das persönliche Budget ist, diagnostisch betrachtet, nicht für alle Personen mit ihren jeweiligen Lebenslagen verallgemeinerungsfähig. Das Instrument der Assistenz (Baumgartner, 2002; zum Betreuungsrecht vgl. Fehndrich, 2003; Jerg u. a., 2005; Steffen u. a., 2006) bzw. des Case Managements (Brinkmann, 2006) drückt diese Erkenntnis bereits in der Konstruktion desselben aus.

QUALITÄTSFRAGEN AUF VERSCHIEDENEN EBENEN

Die Frage der Qualitätssicherstellung stellt sich bei derartigen Budgets in grundsätzlicher Weise, ähnlich wie bereits bei der Verwendung des Pflegegeldes nach SGB XI. Auch wenn das sozialrechtliche Dreiecksverhältnis fortfällt, so bleiben doch Notwendigkeiten der Definition von Qualitätsstandards und des nachfolgenden Qualitätsmanagements bestehen. Im SGB XI wurde – im Fall von Sachleistungen – durch die erforderlichen Ausbildungsvoraussetzungen zur Erlangung eines Versorgungsvertrages seitens der Pflegekassen zumindest eine strukturelle Voraussetzung der Qualität professioneller Pflegeleistungen sichergestellt. Fällt diese Vertragsbeziehung weg, bleibt dennoch die Frage der Marktzugangsvoraussetzungen von Anbietern. Dies kann man sehr liberal halten; die aus der Mikroökonomik bekannte Grundsatzproblematik eines „trade-offs" zwischen Konsumentensouveränität einerseits und der Treffsicherheit der Budgetverwendung (als Ausdruck der Wahlfreiheit zwischen Geld- und Sachleistungsprinzip) andererseits wird an dieser Stelle wirksam.

2 DIE STRATEGISCHE SITUATIONSANALYSE

„MUT ZUM SEIN":
RESSOURCENSTEUERUNG UND MENSCHLICHE FEHLBARKEIT

Anthropologisch – und mit der Kategorie des „Mut zum Sein" greifen wir auf die Theologie von Paul Tillich (vgl. in Schulz-Nieswandt, 2006b sowie in Schulz-Nieswandt, 2008) zurück – betrachtet, könnte man die Dramatik aber auch entschärfen: Fehlende Treffsicherheit – sowie die eventuell daraus resultierende Unter- oder Fehlversorgung – ist eben der Preis der Freiheit. Es wäre auch ein Stück Normalisierungsparadigma (Riegler, 2006; Erdin, 2006): Menschen mit Behinderungen können ebenso durch Fehlverhalten scheitern wie Menschen, die nicht unter das Definitionsregime eines Behinderungsbegriffs fallen. Dieses Scheitern-Können gehört zum Menschsein dazu (vgl. Schulz-Nieswandt & Kurscheid, 2007). Die Installierung des Case Managements reagiert hierbei bereits als Form eines Risiko(minderungs)managements.

NOCHMALS QUALITÄTSFRAGEN: QUALITÄT DES CASE MANAGEMENTS UND DIE GENERIERUNG MODERNER VERSORGUNGSLANDSCHAFTEN

Allerdings stellt sich auch die Frage der Qualität des Case Managements. Je nach Finanzierungsmodell und institutioneller Anbindung ergeben sich – institutionenökonomisch gesehen (Prinzipal-Agenten-Theorie) – auch Anreizprobleme eines solchen sozialen Treuhänders oder Beratungsgebildes, wie sie parallel etwa auch mit Bezug auf den MDK (im SGB XI-Feld) diskutiert worden sind. Nach Stand des institutionellen und verhaltenswissenschaftlichen Wissens lassen sich diese Probleme aber ausgestalten.

Das ganze Problem entfällt, geht es um den Einkauf unterschwellig qualifizierter haushaltsbezogener oder anderer alltäglicher Hilfen, die u. a. auch mit Fragen hinsichtlich der Arbeitsmarktentwicklung, insbesondere hinsichtlich der Entwicklung unterschwellig qualifizierter und entsprechend niedrig entlohnter Segmente zusammenhängen (Schulz-Nieswandt & Sesselmeier, 2006). Doch sofern es um Fragen der Fachlichkeit geht, stellen sich Folgefragen der Sicherstellung moderner Versorgungslandschaften.

Es ist als unwahrscheinlich einzustufen, dass diese Herbeiführung moderner Versorgungslandschaften aus dem Zusammenspiel atomistischer Allokationsakteure (Budgetempfänger und Assistenz/Case Manager) zu erwarten ist. Sicherlich wird man in dieser Fragenperspektive dem Markt – also den Anbietern – mehr Strukturierungswille und Innovationskompetenz zutrauen dürfen.

MARKTEVOLUTION DER INTEGRATIONSMEDIZIN IM WIRKFELD DES SGB V: EINE PARALLELE

Aber zieht man Parallelen zu der Evolution neuer Betriebsformen im Geltungsbereich des SGB V, so muss das Potenzial selbstorganisierter Marktevolution auch in ihren Grenzen und in ihren Blockaden betrachtet werden. Das SGB V sieht nach dem GMG vor allem mit dem § 140a-d sowie in Verschachtelung mit den MVZ gemäß § 95 SGB V nunmehr erhebliche rechtliche Entwicklungsspielräume auf der Grundlage einer Budgetbereinigung des Regelversorgungsbudgets vor (das GKV-WSG hat diesbezüglich keine grundlegende Veränderung gebracht). In Abweichung von dem Kollektivvertragswesen ermöglicht hier ein selektives Kontraktmanagement erhebliche Veränderungen in den Versorgungslandschaften. Ohne hier in die Details gehen zu können oder zu müssen, ist die Entwicklung zu anspruchsvollen, also komplexen, trans-sektoralen Formen der Integrationsversorgung sehr schleppend. Und dies, obwohl beispielsweise Krankenhäuser ein strategisches Interesse an allen (dem Krankenhaus vor- und nachgelagerten) Episoden der Versorgungskette haben (müssten) und auch – anders als der Betriebstypus des niedergelassenen Arztes – über entsprechende strategische Managementkompetenz verfügen. Fehlt es den Kassen als Kostenträgern vor allem an Kontraktmanagementkompetenz, um nicht nur „Payer", sondern auch – wie von diesen eingefordert – „Player" zu sein, so ist das Gründungsmanagement von Netzwerken kein Selbstläufer. Natürlich sind eine Fülle ökonomischer Rahmenbedingungen anreiz-kompatibel zu klären; und alle diese Fragen erweisen sich als juristisch gehaltvoll. Aber, wie an anderer Stelle (Schulz-Nieswandt & Kurscheid, 2004; Schulz-Nieswandt, 2004 sowie ders:, 2004a) gezeigt worden ist (oder zu zeigen sein wird: Schulz-Nieswandt, 2008), handelt es sich über diese institutionenökonomischen Fragen hinaus offensichtlich um komplizierte, grammatisch tiefer liegende Probleme eines kulturellen Wandels der Medizin (Schulz-Nieswandt, 2004; ders., 2004a), gerade auch im Verhältnis zu anderen Professionen.

Sicherlich erweist sich dieses inter-professionelle Konfliktfeld relativ autistischer Professionen ferner als Paradebeispiel einer Politischen Ökonomie der Domänenbewirtschaftung, der sektoralen Abschottung, der Budgetpartikularismen, der Verteidigung historisch gewachsener Kapazitäten und damit korrelierter Einkommensströme. Die vorliegenden ethnographischen Studien zur Medizin und Pflege und angrenzender Leistungsfelder (Schulz-Nieswandt,

2002) demonstrieren aber, dass es sich um unterschiedliche professionelle Selbstverständnisse, um unterschiedliche Menschen- und Weltbilder handelt, die sich zum Teil auch als Gender-Konflikte transportieren. Kurzum: Unterschiedliche Institutionen des gleichen Sektors oder auch verschiedener Sektoren (verschiedener Sozialgesetzbücher), unterschiedliche Professionen und unterschiedliche Funktionen zusammenzubringen, ist keine triviale Systementwicklungsaufgabe.

Intra-institutionell stellt eine solche Systementwicklung erhebliche Anforderungen an die interne Organisationsentwicklung, vor allem, weil diese Institutionen (z. B. ein Krankenhaus) selbst komplexe (symbolisch gesteuerte) Mikrokosmen darstellen, die interne Systementwicklungsaufgaben – z. B. in Form von klinischen Behandlungspfaden – aufweisen.

Wir brechen hier die SGB V-bezogenen Reflexionen ab. Viele Aspekte können auf die Modernisierung der Institutionen der Arbeit mit Menschen mit Behinderungen analog, zum Teil homolog, übertragen werden.

Trotz, das darf wiederholt werden, dieser prinzipiellen Bedenken gegenüber der These, das Angebot würde sich schon selbst-gesteuert zur Passung zur Nachfrage, welche (das war ja der Ausgangspunkt) vermehrte Konsumentenmacht durch (fachlich begleitete) Budgetübertragung aufweist, entwickeln, bleibt aber den Anbietern sicherlich eine prinzipielle Innovationsfähigkeit zuzugestehen. Daran geknüpft ist dann jedoch aber auch das ökonomische Risiko der unternehmerischen Fehleinschätzung und somit der am Bedarf (besser: an der effektiven Nachfrage) vorbei gehenden Investitionsentscheidung.

MODERNISIERUNG IM RAHMEN DES SOZIALRECHTLICHEN DREIECKSVERHÄLTNISSES: KONTRAKTMANAGEMENT ALS NICHT-TRIVIALE KUNST

Im Kontext des sozialrechtlichen Dreiecksverhältnisses ist die Welt sicherlich kostendeckend gesichert(er). Aber auch dort ist die Qualität gefährdet. Aber es ist nicht ganz von der Hand zu weisen, dass die bisherige sozialrechtliche Vertragswelt innovationsresistent ist. Es wird später (Kapitel 3) aber auch argumentiert, dass eine alternative Welt des selektiven Kontraktmanagements (etwa in Form von Zielvereinbarungen auf der Grundlage von Ausschreibungsregimen) im Lichte knapper Ressourcen nicht davor geschützt ist, in einem reinen Kostenwettbewerb zu versinken, der unweigerlich zum Qualitätsdumping führen muss.

Kontraktmanagement als hohe Kunst der dialogischen Ökonomik zu praktizieren, das ist keine Trivialität, keine voraussetzungslose Selbstverständlichkeit. Sie kann an der Phantasielosigkeit der Kostenträger (auch auf der Grundlage ent-bürokratisierter Regulationsregime – zu denken ist z. B. an die Heimgesetzgebung mit Blick auf neue Formen des Wohnens im Regelungsstreit zwischen institutionellen Zuständigkeiten für ambulante und stationäre Angebotsformen) scheitern, nicht, weil diese Akteure keine hinreichende Kompetenz dazu aufweisen (können), sondern weil die Knappheit der Mittel (angesichts der schlechten makroökonomischen Rahmenbedingungen und insbesondere im Kontext der gegebenen föderalen Finanzverfassung) diese Institutionen zu diesem Kostendumping strukturell sozialisiert haben.

BLEIBENDE RELEVANZ DES KRITERIUMS DER BEDARFSDECKUNG

Doch wie geht die fachlich bewusste Öffentlichkeit mit der Möglichkeit um, dass die effektive Nachfrage an der Welt des Evidenz-gestützten Wünschenswerten vorbei evolutioniert? Ist das dann nur eine irrelevante Kränkung der Expertokratie und der ökonomisch interessierten, fachlich innovativen und entsprechend engagierten Anbietersysteme?

Entscheidender Prüfstein wird die Bedarfsdeckung für komplexe Bedarfslagen sein. Die Diskussion fokussiert sich auf das Problem der Komplexbedarfe und der funktional passungsfähigen Komplexleistungen. Wie gezeigt, ist dies auch auf europarechtlicher und –politischer Diskursebene ein erkanntes Problem in der Entwicklung eines Verständnisses von sozialen Dienstleistungen.

2.3 ENDOGENE KONTEXTE: INTERNE ENTWICKLUNGSAUFGABEN DER SOZIALUNTERNEHMEN

Einleitend wurde bereits strategisch betont, dass die zentrale Frage darin besteht, wie sich die Sozialunternehmen im Lichte einer sich zu erarbeitenden Unternehmensphilosophie mit Blick auf die eigenen Ressourcen auf die gravierenden Umweltveränderungen unternehmenskulturell (Eiff & Stachel, 2006; Fredersdorf u. a., 2006) einstellen.

Ziel eines solchen Entwicklungsprogramms ist die Generierung optimaler, zum sozialen Wandel passungsfähiger Angebotssysteme (vgl. Kapitel 2.3.1).

Entwicklungskontext ist aber, wie betont, eine Personalentwicklung, die sich unternehmensphilosophisch einfügt (Kapitel 2.3.2).

2.3.1 Angebotswandel

Der Wandel zum sozio-demographisch passungsfähigen und damit optimalen Angebot ist das eigentliche Ziel der ganzen Anstrengungen. Umweltbezogene Analysen und interne Ressourcenevaluierung, Organisationsentwicklung und Personalpolitik sind ja nur mittelbare Anliegen; sie haben ihren Eigenwert, dienen aber letztendlich dem Sachziel: Bedarfsdeckung für Menschen mit Behinderungen in zeitgemäßen Formen.

Nun besteht gerade im Sektor der Arbeit mit Menschen mit Behinderungen betriebsmorphologisch kein Mangel an Komplexität. Es geht nicht nur um Wohnen, sondern um Förderung. Rehabilitationszentriert geht es um Entwicklungsförderung, Kompetenzausbildung, Qualifikationserwerb, Arbeiten in offiziellen Arbeitsmärkten oder „geschützten", alternativen Beschäftigungsformen. Es geht um Angebote der lebenslaufspezifischen und vor allem auch lebensphasenspezifischen Kontexte der Entfaltung der Persönlichkeit von Menschen mit Behinderungen. Dabei ergeben sich epidemiologisch oftmals deutlich akzentuierte Schnittstellen mit den Systemen der Medizin und der Pflege. Bei Kindern und Jugendlichen kommen noch andere rechtliche Bezüge ins Spiel als bei älteren Menschen. Die größte Herausforderung stellen Komplexbedarfslagen dar, die diese vielfältigen Schnittstellen der Sozialgesetzbücher, der Kostenträger und der Einrichtungsformen und Einrichtungsfunktionen aktivieren.

Zwei große Entwicklungslinien, die nicht abgeschlossen sind, dürfen hervorgehoben werden:
- Einerseits greifen – wie in anderen Bereichen auch (Altenpflege, geriatrische Rehabilitation) – de-zentrale Formen des Wohnens und der Lebensführung, insbesondere stadtteilbezogene Arten des klein-gemeinschaftlichen, betreuten Wohnens im Kontext von De-Institutionalisierungsprozessen weiter um sich.
- Es geht um die schwierig herzustellende Möglichkeit, Menschen mit Behinderungen lebenslauf-orientiert die Möglichkeit der flexiblen Übergänge zwischen Lebens- und Wohnalternativen und dennoch Angebote der Rückkehr zu bieten, auch dann, wenn das Einrichtungsspektrum des Trägers verlassen wird.

Im Kontext des zweiten Punktes steht die Bewältigung der Statuspassagen jeweils an. Wie begleitet man Menschen im Wechsel der Wohn- und Lebensformen, damit diese latent kritischen Ereignisse nicht zu manifesten Problemen führen?

Der zuerst genannte Themenkreis ist komplexer. Das klassische Anstaltswesen ist weitgehend am Ende. Aber einerseits wird man auch die Chancen des Empowerments in stationären Einrichtungen diskutieren müssen; zum anderen darf die Heilpädagogik keinem unzureichendem Begriff der Institution aufsitzen (Schädler, 2003). De-Institutionalisierung und neue Formen des Wohnens und Lebens erfordern ein „immaterielles Institutionenverständnis": „Dies bedeutet, dass auch die Hilfeformen des neuen Paradigmas notwendiger Weise in einem institutionellen Rahmen arbeiten müssen." (Schädler, 2003, S. 337) Und daher gilt grundsätzlich: „Auch ambulante Dienste können institutionelle Bedingungen herstellen, die bei Betroffenen Bevormundung, erzwungene Passivität, Kontaktarmut und negative Selbstkonzepte hervorbringen. Der herkömmliche Institutionenbegriff der Heilpädagogik kann dies nicht abbilden." (Schädler, 2003, S. 338)

Betreffen diese Überlegungen weitgehend den „Geist" der gelebten Formen des Wohnens und Förderns mit Menschen mit Behinderungen, so haben die bisherigen Ausführungen sicherlich insbesondere den Reiz, ja die Notwendigkeit zu verdeutlichen versucht, trans-sektoral zu denken und sozialunternehmerisch zu investieren. Vor allem ist die Pflege nach SGB XI stärker zu integrieren angesichts des demographischen Wandels. So wie diese Pflege muss sich aber auch die unmittelbare Arbeit mit Menschen mit Behinderungen den integrationsmedizinischen Entwicklungslinien einfügen. Die medizinische Versorgung der Menschen mit Behinderungen weist nicht nur Mängel und Defizite auf; sie muss durch Teilnahme an Formen der Integrationsversorgung optimiert werden. Angesichts der Multi-Morbiditäten und der Fülle der Begleitbedarfe ist dies evident.

Hinsichtlich des Population der Menschen, die mit Behinderung altern, erscheinen die Angebote der stationären Langzeitpflege wohl kaum der rechte Ort des Wohnens und Lebens. Wenn sich diesbezüglich aber keine angemessenen Formen entwickeln, wird der Sog-Effekt der stationären Langzeitpflege jedoch stark sein. Wenngleich die Ausdifferenzierung spezialisierter Einrichtungen durchaus Fragwürdigkeiten aufwirft, so wäre eine solche Clusterung doch eher ein Rückschritt in „multi-funktionelle Sammelbecken", wie sie aus der Tradition der vormodernen, vor-hospitalen „Armen- und Siechenhäuser" bekannt sind.

Dennoch ist eine Geriatrisierung der Arbeit mit Menschen mit Behinderungen notwendig. Das betrifft die soeben angesprochene „Integration in die Integrationsversorgung". Das erfordert aber zunehmend Institutionen der Mischung verschiedener Konzeptionen, Kompetenzen und Programme, vor allem die Mischung heilpädagogischer und gerontologischer Expertise. Damit ist die Personalentwicklung angesprochen. Sie verweist zugleich auf den breiteren Kontext der unternehmerischen Leitbildorientierung.

2.3.2 Unternehmensphilosophie und Personalentwicklung

Das Problem der Personalentwicklung mit Blick auf die passungsfähige Ausrichtung der Angebote auf den sozio-demographischen Wandel ist zunehmend erkannt und wird in neuen Praxisideen auch erprobend Lösungen zuzuführen versucht. Pflegekräfte und gerontopsychiatrische Fachkräfte sind in die Arbeit zu integrieren. Längst wird die Reform der heilpädagogischen Berufe erwogen und diskutiert.

Auf den Sektor wird mehr als bisher die Notwendigkeit multiprofessioneller Teamarbeitsorientierung zukommen. Wie aus anderen Feldern (etwa Medizin, Pflege, Therapieprofessionen) bekannt ist, verbergen sich hier durchaus nicht-triviale Probleme (Schulz-Nieswandt, 2008). Die Beschäftigungsentwicklung wird man ferner im Lichte der Arbeitsmarktliberalisierungen betrachten müssen (Schulz-Nieswandt & Sesselmeier, 2006). Eine zunehmende Dualisierung zwischen den hoch qualifizierten Leitungs- und Anleitungspositionen einerseits und der niederschwellig qualifizierten und entlohnten Arbeit im operativen Alltagsgeschehen andererseits ist im Zuge der Arbeitsmarktreformen, der Internationalisierung sowie der EU-Erweiterung zu erkennen.

An dieser Stelle kann zu diesem Fragenkreise aber keine Vertiefung der Analyse angeboten werden.

Der ganze Angebotswandel, der angesprochen wurde und der ja, wie die Analyse systematisch herzuleiten bemüht war, eingelassen ist in die Wirkungskreise der sich rapide wandelnden sozialunternehmerischen Umwelten, bedarf eines Change Managements, in dem die MitarbeiterInnen-Orientierung sicherlich im Mittelpunkt steht. Wie kann ich mit dem (zum Teil selbst gealterten) Personal in seinem spezifischen Berufsprägungen, seinen professionellen Handlungslogiken und seinen institutionellen Orientierungen die neuen Wege gehen? Zumindest darf ein Befund der einschlägigen Literatur besonders eingebracht werden: Die Zufriedenheit der MitarbeiterInnen hängt in beträchtlichem Ausmaß von der Involviertheit in die Veränderungsgeschehen ab. Die MitarbeiterInnen leiden unter fehlender Einbeziehung, Informierung und reagieren mit Enttäuschung und rückläufiger Arbeitszufriedenheit auf Defizite in der Transparenzherstellung. Dies sind aber Defizite in der Personalführung, in der Unternehmensführung insgesamt. Und dies ist wiederum Teil einer Unternehmensphilosophie, die, wenn sie den Namen verdient, die eigenen Ressourcen zu schätzen in der Lage ist, aber eher externe Organisationsentwicklungsberatung bedarf, wenn es bzw. falls die eigenen MitarbeiterInnen nicht als „stakeholder" der Entwicklung begreift.

KAPITEL 3

ZUKUNFTSSZENARIUM

Es wird nunmehr zum Abschluss nicht darum gehen, neue Aspekte einzuführen. Es soll vielmehr nochmals fokussiert werden. Dabei darf ein wenig von den (oftmals überzogenen, wenngleich nicht in ihrem Grundwert geleugneten) sozialrechtlichen und regulationsbürokratischen Realitäten abstrahiert werden.

MARKTBEZOGENE SOZIALUNTERNEHMEN ZWISCHEN GEWÄHRLEISTUNGSSTAAT UND WETTBEWERB

Die öffentlichen bzw. öffentlich-rechtlichen Kostenträger werden sich immer mehr auf die Position eines Gewährleistungsstaates zurückziehen. Die Hintergrundtrends sind oben skizziert worden. Bricht sogar das sozialrechtliche Dreiecksverhältnis weg, weil der Staat sich nur noch als (begrenzter) Finanzier im Rahmen von Budgetvergaben an private Haushalte (und ihren Treuhänderakteuren) versteht, müssen sich die Sozialunternehmen nicht nur auf den Wettbewerb im Rahmen von Lizenzvergaben, Projektausschreibungen etc. einstellen, sondern müssen sich dem Markt der Nachfrager unmittelbar stellen. Die Regulierung würde sich auf ein Qualitätsmanagement reduzieren, positiver: konzentrieren.

Aber wir gehen von einer dualen, quantitativ keineswegs symmetrischen Steuerungsstruktur aus. Die „einfachen Risiken" werden sich des persönlichen Budgets bedienen. Hier rutscht die traditionelle Sozialwirtschaft in einen Nachfragermarkt hinein. Die Sozialwirtschaft wird sich hier modular klein-teilig und kombinations-flexibel entwickeln müssen. Der große Bereich „schwieriger Risiken", die in der Regel Komplexbedarfe aufwerfen, wird individuelle Nachfrage mit höherem Anspruchsniveau und mit mehr Mitsprachewillen und -recht im Rahmen modernisierter sozialrechtlicher Dreiecksverhältnisse artikulieren. Es entwickelt sich ein relativ dynamisches Feld des wohlfahrtstaatlichen Kontraktmanagements. Im Rahmen von Ausschreibungsregimes, aber auch im wettbewerblich geschärften Betrauungsaktregime wird viel stärker als bislang ziel- bzw. ergebnisorientiert auszuhandeln sein, was bisher bürokratisch und standardisiert finanziert wurde (vgl. weiter unten). Im Prinzip werden die Sozialunternehmen im Rahmen einer effizienz-orientierten Ökonomik der Zielvereinbarungen tätig. An die Aufgaben kommt man nur als wettbewerblicher Gewinner heran; die konkrete Aufgabe wird ausgehandelt, ebenso die leistungsorientierte Vergütung.

ÖKONOMIK DER ZIELVEREINBARUNG: CHANCEN UND GEFAHREN

Nun darf die Fülle der aspektenreichen Literatur zur Zielvereinbarungsökonomik zur Seite gestellt werden. In grundsätzlicher Perspektive sollen vielmehr die Chancen und Gefahren einer Ökonomik der Zielvereinbarung erwogen werden.

Zielvereinbarungen erobern das Leben, alle Lebensbereiche. Im Kontext des Sozialsektors der sozialen Einzelwirtschaftsunternehmen stellt sich die Logik der neuen Steuerung als ein Mehr-Ebenen-Problem dar: Es entwickeln sich Zielvereinbarungen
– zwischen Kostenträgern und Sozialunternehmen,
– zwischen der Leitung der Sozialunternehmens und den MitarbeiterInnen, einzelnen Funktionsbereichen (Profitcentern)
– zwischen dem Personal und dem Klientel.

Je nachdem, ob sich das sozialrechtliche Dreiecksverhältnis durch die Implementierung der neuen Instrumente der persönlichen Budgets weitgehend auflösen wird, wird das Steuerungszentrum entweder beim Kostenträger liegen oder beim letztendlichen Produkt-Nachfrager.

Es ist mikroökonomisch leicht zu demonstrieren, dass diese neue Steuerungsmodalität der Zielvereinbarungen Effizienzvorteile verspricht. Vor allem aus der gestärkten Sicht des Konsumenten liegen Effizienzvorteile allokativer Art nahe. Doch ergeben sich auch neue, neuartige Transaktionskosten. Allein auf den nunmehr sich als „informierter Bürger" sich entwickelnden, aber der Förderung und der Hilfe bedürftigen Menschen kommen erhebliche Kosten vor. Es ist ein nicht unbedenklicher Weg, den Konsumenten zunehmend an der Erstellung des Produktes in vielen Lebensbereichen zu beteiligen. Damit werden nicht nur Kosten verlagert; auch am Risiko wird der Kunde beteiligt. Dies ist aus Sicht einer Anthropologie des Seins-Mutes weiter oben bereits andiskutiert worden. Es soll hier auch nicht mehr geleistet werden als auf das Problem schlechthin zu verweisen.

Und das unter diesen Liberalisierungstendenzen verstärkt Regulierungskosten entstehen, muss wohl mit Blick auf die steigend bedeutsame Problematik der Setzung von Qualitätsstandards und der Einführung und Praxis eines entsprechenden Qualitätsmanagements als plausibel angenommen werden.

Markt-liberalisierte Welten können sehr schnell beträchtliche Regulierungsbürokratien nach sich ziehen. Mag der ältere Sozialtypus des *homo buerocraticus* auch bedürfnis-blind gewesen sein; der neue Typus des *homo regulationis* wirft neu-artige Probleme auf. Seine Erfinder weisen nicht selten eine gewisse Transaktionskosten-Blindheit auf. Jedenfalls könnte eine Welt des *homo telos contractus*, in der alles nur noch effizienz-orientiert ausgehandelt wird – bis hinein in die „Mikropolitik der Familienkonferenzen" – eine systemische „Kolonialisierung der Lebenswelten" bedeuten. Man vertraut nicht mehr auf (z. B. moralische) Haltungen, auf (pro-soziale) Einstellungen, auf unbedingte Gabebereitschaften, auf intrinsische Motivationen. Quasi-behavioristisch wird nur noch auf die Setzung anreiz-kompatibler Rahmenbedingungen fokussiert. Vertrauen sei gut, Kontrolle aber besser.

An dem verhaltenswissenschaftlich gut abgesicherten Wert von Anreiz-Kompatibilitäten der Handlungssituationen ist auch nicht zu zweifeln. Aber lässt sich die ganze soziale Wirklichkeit strategisch auf „win-win-Situationen" hin modellieren? Wo bleibt das tiefere Verständnis der Sorgearbeit als (liebendes) Interesse am Anderen im Modus des sozialen Mitseins? Diese Themendimension einer Anthropologie der Sorge soll hier nicht nochmals und dann vertiefend aufgenommen werden (Schulz-Nieswandt, 2006b sowie 2008). Aber es musste zumindest nochmals angeführt werden.

An sich birgt die Ökonomik der Zielvereinbarung auch ein wertvolles Potenzial dialogischer Kultur. Der *homo telos contractus* könnte auch als *homo dialogicus* de-chiffriert werden. Und auch hier werden wir die philosophiegeschichtlichen Hintergründe nicht näher entfalten können. Die Dialogik von Ich und Du, die Ontologie des dialogischen Zwischenraums, wie sie vor allem im Kontext jüdisch-christlicher theologischer Anthropologie rekonstruierbar wäre (Schulz-Nieswandt, 2006b; 2008), betrifft die Chance, über den Dialog überhaupt erst zur personalen Identität, damit zur Zielorientierung des Handelns zu gelangen. Sinn- und Ausgabenorientierung würden sich so erst im Dialog zwischen Ich und Du ergeben. Dieser Dialog einer Zielvereinbarung erschöpft sich nicht in der spieltheoretischen Logik strategischen Handelns. Sozialwirtschaftstheoretisch gedreht: Es geht im Dialog darum, gemeinsam zu erarbeiten: Was will ich/wollen wir tun? Was will ich/wollen wir erreichen? Was will ich/wollen wir bewirken? Was soll(en) ich (wir) tun?

Es wird wohl augenblicklich nicht als realistisch einzuschätzen sein, dass diese dialogische Philosophie der Zielvereinbarungsökonomik die wahrscheinliche Entwicklung der nächsten Jahre kennzeichnen wird. Aber als Möglichkeit ist sie dem ganzen Schema – als tiefere Grammatik einer humanen sozialen Praxis – eingeschrieben. Und so kommen wir zu der in Kapitel 1 eingangs anvisierten Fragestellung zurück: Wie kann ich die liebende Sorge im personalen Daseinsmodus des sozialen Mitseins transformieren zu einer dominant an Sachzielen orientierten sozialen Einzelwirtschaft, die, und das war der zentrale Punkt, zunehmend im Wettbewerb steht, also eher zur Dominanz der Formalziele betriebswirtschaftlichen Handelns strukturell gezwungen wird?

Vision: Kontraktmanagement mit Outcomes-orientierten Qualitätskennziffern

Eine zugegebenerweise technokratisch wirkende Antwort könnte – zum Teil (mehr nicht!) – in der Logik liegen, in ergebnis-orientierten Qualitätskennziffern die soziale Akzeptanz des Wettbewerbsprinzips in der Erstellung sozialer Dienste an Seele und Körper der Menschen zu steigern.

Wenn, so die Vision, das liberalisierte Kontraktmanagement des gewährleistenden Wohlfahrtsstaates im Sinne von Zielvereinbarungen die Anbieter steuert, dann benötigt diese soziale Praxis angemessene Kennziffern des Erfolges. Strukturqualität reicht hier nicht hin. Outcomes-Qualität hängt stärker von der Prozessqualität der Erstellung sozialer Dienstleistungen ab. Doch wie soll der Erfolg der Sozialwirtschaft gemessen werden? Wie sieht die „anthropologische Performance" aus? Letztendlich dienen alle Prozesse des sozialwirtschaftlichen Handelns der Steigerung der Lebensqualität der Menschen, ihrer Lebenszufriedenheit. Konnte sich der „Wille zum Person-Sein des eigenen Selbst" auch des Menschen mit Behinderungen entfalten? Die philosophischen Probleme der Konkretisierung dieses normativen Bezugspunktes sind beträchtlich. Aber immerhin liegt hiermit ein humaner Fixpunkt vor, um deutlich einzufordern, dass ein markt-orientiertes und wettbewerblich steuerndes

Kontraktmanagement dem Menschen dienen muss. Die soziale Arbeit, die aus diesem Steuerungsmodus resultiert, muss gewährleisten, dass dem Menschen mit Behinderungen im je eigenen Lebenslauf mit Respekt begegnet worden ist. Er ist nur mittelbar – wie jeder andere normale Mensch auch – an der Effizienz des Wirtschaftens interessiert. Ihn interessiert sein Glück, die Frage nach dem Glücken seines Lebens, das geglückte Altern. Diese „kunden-zentrierte" Philosophie der Ökonomisierung der sozialen Arbeit darf jedoch auch nicht vergessen, die Lebensqualität und die Zufriedenheit der operativen Produzenten der sozialen Dienstleistungen im Auge zu behalten. Die neuen Effizienzregime werden gerade auch für die MitarbeiterInnen „neue Zumutbarkeitskulturen" generieren. Im Sinne von Foucault (vgl. in Schulz-Nieswandt, 2008) stellt die Ökonomik des Kontraktmanagements eine neue Form der „Gouvernementalität" dar. Das Subjekt wird gestärkt, als kompetentes Steuerungszentrum des Lebens und des Arbeitens. Das klingt gut. Aber es darf auch nicht überfordert werden. Die sozialen Risiken dürfen in kulturgeschichtlich problematischer Weise nicht wieder re-privatisiert werden. Die Selbstsorge des Subjekts bleibt nur eine Kategorie der Daseinsanalyse. Soziale Mitsorge und die Wir-Sorge in abstrakten kollektiven Risikogemeinschaften sind ebenso Dimensionen eines schwierigen Balanceaktes. Der „enabling state", der das Subjekt als Steuerungszentrum installiert, verflacht im Lichte einer im Vergleich anspruchsvollen Anthropologie der dialogischen Existenz des Menschen als Person schnell zu einer Variante neo-liberaler Ideologie. Das dürfte das beherrschende Thema der augenblicklichen Diskurse in der Philosophie, insbesondere in der philosophischen (theologischen) Anthropologie sein.

Wenn das marktbezogene Sozialunternehmen
a) entweder im Kontext eines Kontraktmanagements im Rahmen eines entsprechend modernisierten sozialrechtlichen Dreiecksverhältnisses oder
b) im Kontext eines Nachfragermarktes (mit unklaren nach-geschalteten Qualitätsregulationen) eingelassen ist,

so wird es kein triviales Problem sein, die Bedürfnisperspektiven des Konsumenten, die Bedarfsperspektiven professioneller Expertise, die Interessen der MitarbeiterInnen, die unternehmerischen Ziele und die normativ-rechtlichen Vorgaben sozialstaatlichen Denkens (die sich zwar in ihrer Erstellungs-Praxis modernisieren sollen, aber in ihrer Wertestruktur Anspruch auf Konservierung haben) optimal zu vermitteln.

LITERATURVERZEICHNIS

Abendroth, M. & Naves, R. (2003). Die gesundheitliche Versorgung von Menschen mit geistigen und mehrfachen Behinderungen – Potentiale und Defizite in Rheinland-Pfalz. Bochum: Evangelische Fachhochschule Rheinland-Westfalen-Lippe.

Achilles, I. (2005). ... und um mich kümmert sich keiner. Die Situation der Geschwister behinderter und chronisch kranker Kinder. München: Ernst Reinhardt.

AHA e. V. & Windisch, M. (Hrsg.) (2006). Persönliches Budget. Wasserburg/Bodensee: Verein zur Förderung der sozialpolitischen Arbeit.

Ahn, H. (2003). Effektivitäts- und Effizienzsicherung. Controlling-Konzept und Balanced Scorecard. Frankfurt am Main: Lang.

Archiv für Wissenschaft und Praxis der sozialen Arbeit (2006). Teilhabe am Leben in der Gesellschaft. Perspektiven der Eingliederungshilfe für behinderte Menschen. 37 (3).

Bathke, S. (2004). Beschäftigte im Arbeitsfeld ambulante Pflege auf dem Weg zum personenbezogenen Arbeitskraftunternehmen? Freiburg i. Br.: Lambertus.

Baudisch, W. (Hrsg.) (2000). Selbstbestimmt leben trotz schwerer Behinderungen? Schritte zur Annäherung an eine Vision. Münster: LIT.

Baumgartner, E. (2002). Assistenzdienste für behinderte Personen. Sozialpolitische Folgerungen aus einem Pilotprojekt. Frankfurt am Main: Lang.

Bensch, C. & Klicpera, Ch. (2003). Dialogische Entwicklungsplanung. Ein Modell für die Arbeit von BehindertenpädagogInnen mit erwachsenen Menschen mit geistiger Behinderung. 2. erw. Aufl. Heidelberg: Winter.

Bieker, R. (2005). Teilhabe am Arbeitsleben. Wege der beruflichen Integration von Menschen mit Behinderung. Stuttgart: Kohlhammer.

Biella, B. (1998). Eine Spur ins Wohnen legen. Entwurf einer Philosophie des Wohnens nach Heidegger und über Heidegger hinaus. Berlin: Parerga.

Binswanger, L. (1953). Grundformen und Erkenntnisse menschlichen Daseins. 2. Aufl. Zürich: Niehans.

Bödege-Wolf, J. & Schellberg, K. (2005). Organisationen der Sozialwirtschaft. Baden-Baden: Nomos.

Bosch, E. (2005). „Wir wollen nur euer Bestes!" Die Bedeutung der kritischen

Selbstreflexion in der Begegnung mit Menschen mit geistiger Behinderung. Ein Arbeitsbuch. 2., verb. Aufl. Tübingen: dgvt-Verlag.

Bosse, I. (2006). Behinderung im Fernsehen. Gleichberechtigte Teilhabe als Leitziel der Berichterstattung. Wiesbaden: Deutscher Universitäts-Verlag.

Brinkmann, V. (Hrsg.) (2006). Case Management. Organisationsentwicklung und Change Management in Gesundheits- und Sozialunternehmen. Wiesbaden: Gabler.

Brosius-Gersdorf, F. (2005). Bindung der Mitgliedsstaaten an die Gemeinschaftsgrundrechte. Berlin: Duncker & Humblot.

Budäus, D. (Hrsg.) (2006). Kooperationsformen zwischen Staat und Markt. Baden-Baden: Nomos.

Budka, D. (2006). Der Andere. Mit Emmanuel Levinas die gesellschaftliche und schulische Integration behinderter Menschen neu denken. Marburg: Tectum.

Bühler, M. (2005). Einschränkung von Grundrechten nach der Europäischen Grundrechtscharta. Berlin: Duncker & Humblot.

Bührle, F. (2006). Gründe und Grenzen des „EG-Beihilfenverbots". Tübingen: Mohr Siebeck.

Bundesvereinigung Lebenshilfe für Menschen mit geistiger Behinderung (Hrsg.) (2002). Eine behinderte Medizin? Zur medizinischen Versorgung von Menschen mit geistiger Behinderung. Marburg: Bundesvereinigung Lebenshilfe für Menschen mit geistiger Behinderung.

Cortekar, J. & Hugenroth, S. (2006). Managed Care als Reformoption für das deutsche Gesundheitswesen. Marburg: Metropolis.

Dommermuth, R. (2004). Dürfen was ich möchte. Selbstbestimmungsrecht geistig Behinderter. Freiburg i. Br.: Lambertus.

Doose, St. (2004). „I want my dream!" Persönliche Zukunftsplanung. Neue Perspektiven und Methoden einer individuellen Hilfeplanung mit Menschen mit Behinderungen – einschließlich Materialien zur Persönlichen Zukunftsplanung. 7., überarb. Neuaufl. Kassel: Netzwerk People First Deutschland.

Drechsler, Ch. (2005). Zur Lebensqualität Erwachsener mit geistiger Behinderung in verschiedenen Wohnformen. Luzern u. a.: Edition SZH.

Drolshagen, M. (2006). „Was mir fehlt, ist ein Zuhause". Fehlplatzierung jüngerer Behinderter in hessischen Altenhilfe-Einrichtungen. Berlin: Frank & Timme.

Dworschak, W. (2004). Lebensqualität von Menschen mit geistiger Behinderung. Theoretische Analyse, empirische Erfassung und grundlegende Aspekte qualitativer Netzwerkanalyse. Bad Heilbrunn: Klinkhardt.

Egger, M. u. a. (2003). Total Quality Management (TQM) in Werkstätten für behinderte Menschen. Hamburg: Kovac.

Eiff, W. v. & Stachel, K. (2006). Unternehmenskultur im Krankenhaus. Gütersloh: Bertelsmann Stiftung.

Eisenreich, Th. & Peters, A. (Hrsg.) (2006). Kostenmanagement. Erfolgreich steuern in Sozialwirtschaft und Behindertenhilfe. Marburg: Lebenshilfe-Verlag.

Erdin, G. (2006). Paradigmenwechsel in der Behindertenhilfe. Münster/Westf.: Monsenstein und Vannerdat.

Erikson, E. H. (1988). Der vollständige Lebenszyklus. Frankfurt am Main: Suhrkamp.

Ernst, K. (2000). Psychiatrische Versorgung im europäischen Vergleich. Krankenhauspsychiatrie 11, S. 39-45.

Ernst, K. (2001). Psychiatrische Versorgung heute. Konzepte, Konflikte, Perspektiven. 2. Aufl. Sternenfels: Verlag Wissenschaft und Praxis.

Fehndrich, G. (2003). Konzeption und Praxis des Betreuungsrechts und sein Beitrag zur Integration von erwachsenen Menschen mit Behinderungen. Aachen: Mainz.

Fischbach, P. & Spitaler, G. (2004). Balanced Scorecard in der Pflege. Stuttgart: Kohlhammer.

Fischer, W. (2000). Sozialmarketing für Non-Profit-Organisationen. Zürich: Orell Füssli.

Forster, R. (2000). Die vielen Gesichter der Deinstitutionalisierung – soziologisch gedeutet. Psychiatrische Praxis 27 SH 2, S. 39-43.

Fredersdorf, F. u. a. (Hrsg.) (2006). Wahrnehmende Unternehmenskultur. Personal- und Organisationsentwicklung in Vorarlberger Einrichtungen der Altenpflege. Wien: Facultas.

Friedag, H. R. (2005). Die Balanced Scorecard als ein universelles Managementinstrument. Hamburg: Kovac.

Friedrich, J. (2006). Orientierung im Entscheidungsprozess: Menschen mit geistiger Behinderung und der allgemeine Arbeitsmarkt. Eine qualitative Studie zum Entscheidungsverhalten im Übergang von der WfbM auf den allgemeinen Arbeitsmarkt. Hamburg: Kovac.

Goebel, S. (2002). Gesellschaft braucht Behinderung. Der behinderte menschliche Körper in Prozessen der sozialen Positionierung. Heidelberg: Winter.

GÖW (Hrsg.) (2004). Public Private Partnership: Formen – Risiken – Chancen. Berlin: GÖW.

GÖW (Hrsg.) (2006). Öffentliche Dienstleistungen für die Bürger. Wege zu Effizienz, Qualität und günstigen Preisen. Berlin: GÖW.

GÖW (Hrsg.) (2007). Ausschreibung oder Direktvergabe öffentlicher Dienstleistungen – Plädoyer für ein Wahlrecht der Gebietskörperschaften. Stellungnahme des Wissenschaftlichen Beirates der Gesellschaft für öffentliche Wirtschaft. Berlin: GÖW (abgedruckt auch in der Zeitschrift für öffentliche und gemeinwirtschaftliche Unternehmen 30 [2], 2007, S. 207 ff.).

Graumann, S. u. a. (Hrsg.) (2004). Ethik und Behinderung. Ein Perspektivenwechsel. Frankfurt am Main-New York: Campus.

Greving, H. (Hrsg.) (2002). Hilfeplanung und Controlling in der Heilpädagogik. Freiburg i. Br.: Lambertus.

Haberthür, N. (2005). Geschwister im Schatten. Geschwister behinderter Kinder. Oberhofen am Thunersee: Zytglogge.

Hans, M. & Ginnold, A. (Hrsg.) (2001). Integration von Menschen mit Behinderung – Entwicklungen in Europa. Weinheim: Beltz.

Heckmann, Ch. (2004). Die Belastungssituation von Familien mit behinderten Kindern. Soziales Netzwerk und professionelle Dienste als Bedingungen für die Bewältigung. Heidelberg: Universitätsverlag Winter.

Heidegger, M. (2001). Sein und Zeit. Tübingen: Niemeyer.

Heinen, N. & Tönnhsen, G. (Hrsg.). (2002). Rehabilitation und Rentabilität. Herausforderungen an die Werkstatt für behinderte Menschen. Eitorf: gata.

Helios, M. (2005). Steuerliche Gemeinnützigkeit und EG-Beihilfenrecht. Hamburg: Kovac.

Helmig, B. u. a. (Hrsg.) (2006). On the Challenges of Managing the Third Sector. ZögU-BH 23. Baden-Baden: Nomos.

Hentschel, K. (2006). Die Vereinbarkeit der deutschen Kulturförderung mit dem Beihilfenrecht der Europäischen Gemeinschaft. Frankfurt am Main: Lang.

Hermes, G. & Rohrmann, E. (Hrsg.) (2006). Nichts über uns – ohne uns! Di-

sability Studies als neuer Ansatz emanzipatorischer und interdisziplinärer Forschung über Behinderung. Wasserburg: AG SPAK.
Herrmann, P. (2005). Sozialmanagement in Europa. Baden-Baden: Nomos.
Herzog, C. & Müller, B. (2002). Umstrukturierungen im sozialen Bereich im Spiegel des Neoliberalismus. Versuch einer kritischen Skizzierung am Beispiel der Situation behinderter Menschen. Schkeuditz: GNN.
Hirschberg, M. (2003). Die Klassifikation von Behinderung der WHO. 2. Aufl. Berlin: IMEW.
Jachmann, M. (2006). Gemeinnützigkeit in Europa. Stuttgart u. a.: Boorberg.
Jantzen, W. (2003). „... die da dürstet nach Gerechtigkeit". De-Institutionalisierung in einer Großeinrichtung der Behindertenhilfe. Berlin: Spiess.
Jerg, J. u. a. (Hrsg.) (2005). Selbstbestimmung, Assistenz und Teilhabe. Beiträge zu ethischen, politischen und pädagogischen Orientierung in der Behindertenhilfe. Stuttgart: Verlag der Evangelischen Gesellschaft.
Keller, P. (1997). Der innerbetriebliche Zielvereinbarungsdialog als ergebnisorientiertes Führungsinstrument. Eine linguistische Analyse. Münster u. a.: Waxmann.
Kleine Schaars, W. (2006). Durch Gleichberechtigung zur Selbstbestimmung. Menschen mit geistiger Behinderung im Alltag unterstützen. 2. Aufl. Weinheim-München: Juventa.
Klie, Th. & Spermann, A. (Hrsg.) (2004). Persönliches Budget – Aufbruch oder Irrweg? Hannover: Vincentz.
Knuf, A. (2006). Empowerment in der psychiatrischen Arbeit. Bonn: Psychiatrie-Verlag.
Kortus-Schultes, D. (2003). Moderne Managementkonzepte: Balanced Scorecard und Supply Chain Management. Aachen: Shaker.
Kresse, B. (2006). Gemeinwirtschaftliche Dienste im europäischen Beihilferecht. Köln: Heymanns.
Krüger, F. & Degen, J. (Hrsg.) (2006). Das Alter behinderter Menschen. Freiburg i. Br.: Lambertus.
Lambers, H. (Hrsg.) (2004). Qualität konkret. Verbesserung der gesellschaftlichen Teilhabe von Menschen mit geistiger Behinderung in Wohneinrichtungen: Projektbeispiele zur Qualitätsentwicklung. Aachen: Shaker.
Längle, A. & Rühl, K. (2001). Ich kann nicht ... Behinderung als menschliches Phänomen. Wien: Facultas Universitätsverlag.

Lage, D. (2006). Unterstützte Kommunikation und Lebenswelt. Eine kommunikationstheoretische Grundlegung für eine behindertenpädagogische Konzeption. Bad Heilbrunn: Klinkhardt.

Leder, T. (2006). Das Diskriminierungsverbot wegen einer Behinderung. Berlin: Duncker & Humblot.

Leibold, St. (2005). Wie organisiert man „gute Pflege"? Bausteine zu einer Ethik ambulanter Pflegedienste. Freiburg i. Br.: Lambertus.

Liedke, U. & Lippstreu, P. (2004). Freiräume. Lebensräume. Entwicklungsräume. Aachen: Shaker.

Lindmeier, Ch. & Hirsch, S. (Hrsg.) (2006). Berufliche Bildung von Menschen mit geistiger Behinderung. Neue Wege zur Teilhabe am Arbeitsleben. Weinheim: Beltz.

Lüthy, A. & Schmiemann, J. (2004). Mitarbeiterorientierung im Krankenhaus. Stuttgart: Kohlhammer.

Meyer, A.-H. (2004). Kodieren mit der ICF: Klassifikation oder Abklassifizieren. Heidelberg: Winter – Edition S.

Miller, A. (2005). Ziele in Werkstätten für behinderte Menschen. Die Gestaltung eines Zielsystems als Teil des Qualitätsmanagements. Freiburg i. Br.: Lambertus.

Müller, K. E. (1996). Der Krüppel. Ethnologica passionis humanae. München: Beck.

Neubert, D. & Cloerkes, G. (2001). Behinderung und Behinderte in verschiedenen Kulturen. 3. Aufl. Heidelberg: Winter.

Neuenstein, K. (2003). Vergoldete Käfige. Wie kann Hospitalismus bei psychisch behinderten Menschen, die in einer sozialtherapeutischen Wohngruppe leben, vermieden bzw. vermindert werden. Bern: Edition Soziothek.

Niedecken, D. (2003). Namenlos. Geistig Behinderte verstehen. 4., überarb. Aufl. Weinheim: Beltz.

Organisation für Wirtschaftliche Zusammenarbeit und Entwicklung (OECD) (Hrsg.) (2004). Behindertenpolitik zwischen Beschäftigung und Versorgung. Ein internationaler Vergleich. Frankfurt am Main-New York: Campus.

Osbahr, St. (2003). Selbstbestimmtes Leben von Menschen mit einer geistigen Behinderung. Beitrag zu einer systemtheoretisch-konstruktivistischen Sonderpädagogik. Luzern u. a.: Edition SZH.

Palmowski, W. & Heuwinkel, M. (2002). Normal bin ich nicht behindert! Wirklichkeitskonstruktionen bei Menschen, die behindert werden. 2. Aufl. Dortmund: Borgmann Publishing.

Pester, N. (2006). Die soziale Verfassung Europas. Wien: Passagen.

Pfaff, H. u. a. (Hrsg.) (2004). „Weiche" Kennzahlen für das strategische Krankenhausmanagement. Bern u. a.: Huber.

Pfeil, B. u. a. (Hrsg.) (2005). Ich diene mir selbst. Selbstbestimmung und Teilhabe. Moderne Konzepte der Behinderten- und Altenhilfe in der Stiftung Haus Lindenhof. Freiburg i. Br.: Lambertus.

Pörtner, M. (2004). Ernstnehmen – Zutrauen – Verstehen. Personenzentrierte Haltung im Umgang mit geistig behinderten und pflegebedürftigen Menschen. 4., überarb. und erw. Aufl. Stuttgart: Klett-Cotta.

Puchberger, L. (2005). Das Satellitensystem. Ein Versuch, Menschen mit Behinderung ein Maximum an Autonomie in den Lebensbereichen Wohnen und Freizeit zu bieten. Linz: Trauner.

Reichard, Chr. (2006). Öffentliche Dienstleistungen im gewährleistenden Staat. In GÖW (Hrsg.). Öffentliche Dienstleistungen für die Bürger. Wege zu Effizienz, Qualität und günstigen Preisen. Berlin: GÖW, S. 53-79.

Reisner, S. (2003). Das Integrative Balanced-Scorecard-Konzept. Die praktische Umsetzung im Krankenhaus. Stuttgart: Kohlhammer.

Reissmann, A. (2005). Pflegebedürftigkeit und Institutionalisierung. Chancen und Grenzen häuslicher Pflege. Oldenburg: Paulo Freire.

Rentsch, H. P. & Bucher, P. O. (2005). ICF in der Rehabilitation. Die praktische Anwendung der internationalen Klassifikation der Funktionsfähigkeit, Behinderung und Gesundheit im Rehabilitationsalltag. Idstein: Schulz-Kirchner.

Riegler, Chr. (2006). Behinderung und Krankheit aus philosophischer und lebensgeschichtlicher Perspektive. Berlin: Institut Mensch, Ethik und Wissenschaft.

Riess, E. (2003). Die Ferse des Achilles. Die Bedeutung behinderter Menschen für die Gesellschaft. Weitra: Bibliothek der Provinz.

Ritzer, Chr. (2006). Europäische Kompetenzordnung. Baden-Baden: Nomos.

Roeder, M. (2001). Behinderte Menschen in Japan. Eine Studie zur schulischen Bildung und beruflichen Integration. Bonn: Bier'sche Verlagsanstalt.

Rösner, H. U. (2002). Jenseits normalisierender Anerkennung. Reflexionen zum Verhältnis von Macht und Behindertsein. Frankfurt am Main-New York: Campus.

Rüger, C. (2006). Aus der Traum? Der lange Weg zur EU-Verfassung. Marburg: Tectum.

Ruflin, R. (2006). Wohlfahrtsstaatliches Kontraktmanagement. Die Verhandlung und Umsetzung von Leistungsverträgen als Herausforderungen für Nonprofit-Organisationen. Bern: Haupt.

Schädler, J. (2003). Stagnation oder Entwicklung in der Behindertenhilfe? Chancen eines Paradigmenwechsels unter Bedingungen institutioneller Beharrlichkeit. Hamburg: Kovac.

Schäper, S. (2006). Ökonomisierung in der Behindertenhilfe. Praktisch-theologische Rekonstruktionen und Erkundungen zu den Ambivalenzen eines diakonischen Praxisfeldes. Münster: LIT.

Scherer, A. G. & Alt, J. (Hrsg.) (2002). Balanced Scorecard in Verwaltung und Non-Profit-Organisationen. Stuttgart: Schäffer-Poeschel.

Schmidt, K. H. & Kleinbeck, U. (2006). Führen mit Zielvereinbarung. Göttingen u. a.: Hogrefe.

Schmidt, M. (2005). Ekstatische Transzendenz. Ludwig Binswangers Phänomenologie der Liebe und die Aufdeckung der sozialontologischen Defizite in Heideggers „Sein und Zeit". Würzburg: Königshausen & Neumann.

Schmidt, N. (2005). Das Persönliche Budget. Mehr Selbstbestimmung und Teilhabe für Menschen mit einer Behinderung oder eine Form der Einsparpolitik? Oldenburg: Paulo Freire.

Scholl, B. (2006). Europas symbolische Verfassung. Wiesbaden: VS Verlag für Sozialwissenschaften.

Schott, H. & Tölle, R. (2006). Geschichte der Psychiatrie. Krankheitslehren, Irrwege, Behandlungsformen. München: Beck.

Schubert, B. (2000). Controlling in der Wohlfahrtspflege. Münster: LIT.

Schultebraucks, M. (2006). Behindert leben. Lebensgeschichten körperbehinderter Menschen als Leitmotive subjektverbundener Theologie und Pädagogik. Münster: LIT.

Schulz-Nieswandt, F. (2002). Strukturelemente einer Ethnologie der medizinisch-pflegerischen Behandlungs- und Versorgungspraxis. Weiden-Regensburg: Eurotrans.

Schulz-Nieswandt, F. (2004). Zur Zukunft der gesundheitlichen Versorgung von alten Menschen. Sozialer Fortschritt 53 (11+12), S. 310-318.

Schulz-Nieswandt, F. (2004a). Versorgungslage und Versorgungsbedarf chronisch kranker Menschen. www.PrinterNet.info. Die wissenschaftliche Fachzeitschrift für die Pflege 6 (7+8), S. 396-406.

Schulz-Nieswandt, F. (2005). Integrationsversorgung zwischen Wandel der Betriebsformen und neuer Steuerung. In Braun, G. E. & Schulz-Nieswandt, F. (Hrsg.). Liberalisierung im Gesundheitswesen. Baden-Baden: Nomos, S. 47-64.

Schulz-Nieswandt, F. (2005a). Daseinsvorsorge in der Europäischen Union. In Linzbach, Chr. u. a. (Hrsg.). Die Zukunft der sozialen Dienste vor der Europäischen Herausforderung. Baden-Baden: Nomos, S. 397-423.

Schulz-Nieswandt, F. (2005b). Soziale Daseinsvorsorge im Lichte der neueren EU-Rechts- und EU-Politikentwicklungen. Zeitschrift für öffentliche und gemeinwirtschaftliche Unternehmen 28 (1), S. 19-34.

Schulz-Nieswandt, F. (2005c). Daseinsvorsorge und europäisches Wettbewerbsregime. In GÖW (Hrsg.). Öffentliche Dienstleistungen zwischen Eigenerstellung und Wettbewerb. Berlin: GÖW, S. 12-24.

Schulz-Nieswandt, F. (2005d). Auf dem Weg zu einem europäischen Familien(politik)leitbild? In Althammer, J. (Hrsg.). Familienpolitik und soziale Sicherung. FS für Heinz Lampert. Berlin u. a.: Springer, S. 171-187.

Schulz-Nieswandt, F. (2006). Sozialpolitik und Alter. Stuttgart: Kohlhammer.

Schulz-Nieswandt, F. (2006a). Chancengleichheit und Sozialstaat. Archiv für Wissenschaft und Praxis der sozialen Arbeit 37 (4), S. 4-18.

Schulz-Nieswandt, F. (2006b). Die Unbedingtheit der Gabeethik und die Profanität der Gegenseitigkeitsökonomik. Die genossenschaftliche Betriebsform als Entfaltungskontext der menschlichen Persönlichkeit. In Rösner, H. W. & Schulz-Nieswandt, F. (Hrsg.). Zur Relevanz des genossenschaftlichen Selbsthilfegedankens. Münster: LIT, S. 57-92.

Schulz-Nieswandt, F. (2006c). Wettbewerb in der Gesundheitsversorgung – Wie viel Differenzierung braucht die GKV? Die Krankenversicherung 58 (10), S. 274-277.

Schulz-Nieswandt, F. (2006d). Sorgearbeit, Geschlechterordnung und Altenpflegeregime in Europa. Münster: LIT.

Schulz-Nieswandt, F. (2006e). Die Sozialpolitik in der Europäischen Union (II). Trends im Rahmen der föderalistischen Organisation. In Carigiet, E. u. a. (Hrsg.). Wohlstand durch Gerechtigkeit. Deutschland und die

Schweiz im sozialpolitischen Vergleich. Zürich: Rotpunktverlag, S. 329-355.

Schulz-Nieswandt, F. (2006f). Lebensweltliche Genese von Sozialkapital durch soziale Dienste im Kontext des europäischen Wettbewerbsregimes. In Jochimsen, M. A. & Knobloch, U. (Hrsg.). Lebensweltökonomie in Zeiten wirtschaftlicher Globalisierung. Bielefeld: Kleine, S. 157-178.

Schulz-Nieswandt, F. (2006g). Modernisierungstrends des öffentlichen Wirtschaftens führen zu neuen „Zumutbarkeitskulturen". In GÖW (Hrsg.) (2006). Öffentliche Dienstleistungen für die Bürger. Wege zu Effizienz, Qualität und günstigen Preisen. Berlin: GÖW, S. 223-224.

Schulz-Nieswandt, F. (2006h). Alternsformen, Lebenserwartung und Altersstruktur behinderter Menschen – unter besonderer Berücksichtigung angeborener Formen geistiger Behinderung. In Krüger, F. & Degen, J. (Hrsg.) (2006). Das Alter behinderter Menschen. Freiburg i. Br.: Lambertus, S. 147-191.

Schulz-Nieswandt, F. (2007a). Der Vertrag über eine Europäische Verfassung. In Sozialer Fortschritt 56 (5), S. 113-116.

Schulz-Nieswandt, F. (2007b). Public-Private-Partnership im Sozialsektor. Sozialer Fortschritt 56 (3), S. 51-56.

Schulz-Nieswandt, F. (2007c). Lebenslauforientierte Sozialpolitikforschung, Gerontologie und philosophische Anthropologie. Schnittflächen und mögliche Theorieklammern. In Wahl, H.-W. & Mollenkopf, H. (Hrsg.). Alternsforschung am Beginn des 21. Jahrhunderts. Berlin: AKA, S. 61-81.

Schulz-Nieswandt, Frank (2007d). Profile zukünftiger Sorgearbeit. Der soziale Sektor der Arbeit mit Menschen mit Behinderungen im Wandel. In „Weichen stellen!" JGpublik. Dokumentation 6. JG-Kongress. Köln, S. 9-13.

Schulz-Nieswandt, F. (2008). Wandel der Medizinkultur? Erscheint Berlin: Duncker & Humblot (i. V.).

Schulz-Nieswandt, F. & Kurscheid, C. (2004). Integrationsversorgung. Münster: LIT.

Schulz-Nieswandt & Maier-Rigaud (2005). Dienstleistungen von allgemeinem Interesse, die Offene Methode der Koordinierung und die EU-Verfassung. Sozialer Fortschritt 54 (5/6), S. 136-142.

Schulz-Nieswandt & Maier-Rigaud (2007). Die OECD als sozialpolitischer Ideengeber? Eine Analyse der Wirkungen auf die EU im Kontext der

Globalisierung. In Linzbach, Ch. U. a. (Hrsg.). Globalisierung und Europäisches Sozialmodell. Baden-Baden: Nomos, S. 399-421.

Schulz-Nieswandt, F. & Sesselmeier, W. (2006). Arbeitsmarkt Deutschland: Effekte der EU-Mitgliedschaft. In: Wessels, Wolfgang & Diedrichs, Udo (Hrsg.). Die neue Europäische Union: im vitalen Interesse Deutschlands? Berlin: Europäische Bewegung-Europäische Union, S. 74-92.

Schulz-Nieswandt, F. u. a. (2006). Zur Genese des europäischen Sozialbürgers im Lichte der neueren EU-Rechtsentwicklungen. Münster: LIT.

Schulz-Nieswandt, F. & Kurscheid, C. (2007). Die Schuld an der Schuld. Hamburg: Merus.

Schuppert, G. (Hrsg.) (2005). Der Gewährleistungsstaat – Ein Leitbild auf dem Prüfstand. Baden-Baden: Nomos.

Schuppener, S. (2005). Selbstkonzept und Kreativität von Menschen mit geistiger Behinderung. Bad Heilbrunn: Klinkhardt.

Scupin, O. (2003). Pflegebedürftig – Herausforderung oder das „Ende" des Lebens? Bielefeld: Kleine.

Seifert, M. u. a. (2001). Zielperspektive Lebensqualität. Eine Studie zur Lebenssituation von Menschen mit schwerer Behinderung im Heim. Bielefeld: Bethel-Verlag.

Seifert, M. (2002). Wohnalltag von Erwachsenen mit schwerer geistiger Behinderung. Eine Studie zur Lebensqualität. Nachaufl. Reutlingen: Diakonie-Verlag.

Seifert, M. (2002). Lebensqualität und Wohnen bei schwerer geistiger Behinderung. Reutlingen: Diakonie-Verlag.

Seifert, M. (2003). Mehr Lebensqualität. Zielperspektiven für Menschen mit schwerer (geistiger) Behinderung in Wohneinrichtungen. Marburg: Bundesvereinigung Lebenshilfe für Menschen mit geistiger Behinderung.

Skiba, A. (2006). Geistige Behinderung und Altern. Norderstedt: Books on demand.

Skrypzinski, R. (2004). Betreuung geistig und seelisch Behinderter. Ein konzeptionelles Beispiel für die Umgestaltung eines Alten- und Pflegeheimes. Göttingen: Dewitz-Krebs.

Spiess, I. (2004). Berufliche Lebensverläufe und Entwicklungsperspektiven behinderter Personen. Paderborn: Eusl.

Stachel, C. (2006). Schutzpflichten der Mitgliedstaaten für die Grundfreiheiten des EG-Vertrags unter besonderer Berücksichtigung des Grundrechtsschutzes in der Gemeinschaft. Berlin: Duncker & Humblot.

Steffen, G. u. a. (2006). Wohnen mit Assistenz. Stuttgart: Frauenhofer IRB Verlag.

Stolzenberg, K. & Heberle, K. (2006). Change Management. Berlin: Springer.

Strassmair, S. M. (2002). Der besondere Gleichheitssatz aus Art. 3 Abs. 3 Satz 2 GG. Eine Untersuchung zu Gehalt und Struktur des Diskriminierungsverbotes sowie seiner Bedeutung für die verfassungsrechtliche Stellung und soziale Gleichstellung von Menschen mit Behinderungen. Berlin: Duncker & Humblot.

Strohmayr, S. (2006). Kompetenzkollisionen zwischen europäischem und nationalem Recht. Baden-Baden: Nomos.

Thesing, Th. (1998). Betreute Wohngruppen und Wohngemeinschaften für Menschen mit geistiger Behinderung. 3., neubearb. u. erg. Aufl. Freiburg i. Br.: Lambertus.

Theunissen, G. (2000). Wege aus der Hospitalisierung. Empowerment für schwerstbehinderte Menschen. Gießen: Psychiatrie-Verlag.

Theunissen, G. & Schirbort, K. (Hrsg.) (2006). Inklusion von Menschen mit geistiger Behinderung. Zeitgemäße Wohnformen – Soziale Netze – Unterstützungsangebote. Stuttgart: Kohlhammer.

Tondorf, K., Bahnmüller, R. & Klages, H. (2004). Steuerung durch Zielvereinbarungen. 2. Aufl. Berlin: edition sigma.

Urban, U. (2004). Professionelles Handeln zwischen Hilfe und Kontrolle. Sozialpädagogische Entscheidungsfindung in der Hilfeplanung. Weinheim-München: Juventa.

Uzarewicz, Ch. & Uzarewicz, M. (2005). Das Weite suchen. Einführung in eine phänomenologische Anthropologie der Pflege. Stuttgart: Lucius & Lucius.

Wacker, E. u. a. (2005). Personenbezogene Unterstützung und Lebensqualität. Teilhabe mit einem Persönlichen Budget. Wiesbaden: Deutscher Universitäts-Verlag.

Wagner-Willi, M. (2002). Verlaufskurve „Behinderung". Gruppendiskussion mit Beschäftigten einer „Werkstatt für Behinderte". Berlin: Logos.

Wansing, G. (2005). Teilhabe an der Gesellschaft. Menschen mit Behinderung zwischen Inklusion und Exklusion. Wiesbaden: Verlag für Sozialwissenschaften.

Weisser, J. (2005). Behinderung, Ungleichheit und Bildung. Eine Theorie der Behinderung. Bielefeld: transcript.

Welti, F. (2005). Behinderung und Rehabilitation im sozialen Rechtsstaat. Tübingen: Mohr Siebeck.

Wendt, S. (2003). Richtig begutachten – gerecht beurteilen. Die Begutachtung geistig behinderter Menschen zum Erlangen von Pflegeleistungen. 6. Aufl. Marburg: Bundesvereinigung Lebenshilfe für Menschen mit geistiger Behinderung.

Wendt, W. R. (2002). Sozialwirtschaftslehre. Baden-Baden: Nomos.

Wöhrle, A. (2005). Den Wandel managen. Baden-Baden: Nomos.

Zutter Baumer, B. (2003). Heilpädagogik und New Public Management. Luzern: SZH/CSPS Edition.

Mensch und Sozialordnung in der EU
hrsg. von Prof. Dr. Frank Schulz-Nieswandt (Universität zu Köln)

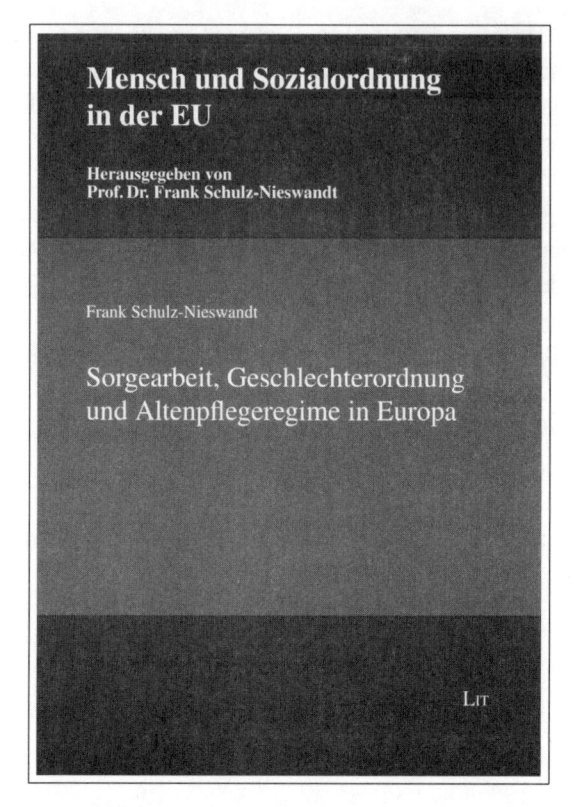

Mensch und Sozialordnung in der EU

Herausgegeben von
Prof. Dr. Frank Schulz-Nieswandt

Frank Schulz-Nieswandt
Sorgearbeit, Geschlechterordnung und Altenpflegeregime in Europa
Das Buch analysiert im Lichte des normativen Skripts des EU-Rechts die Altenpflegeregime insbesondere in Südosteuropa. Es werden die Geschlechterordnungen betont, die in einem patriarchalisch-familialistischen Pflegeregime wirksam werden. Das Thema wird eingebettet in Analysen der kulturellen Bewältigungsmuster von Sorgearbeit im Lichte philosophischer Anthropologie und existenzieller Daseinsontologie, die nicht allein auf quantitative Analysen auf der Makroebene der Gesellschaft beruhen, sondern auch als tiefenpsychologisch orientierte Ethnographie eine qualitative Sozialforschung ermöglichen. Die Regimeforschung wird so auf der Grundlage einer Theorie psychischer Arbeitsapparate des vergesellschafteten Subjekts im personalen Existenzmodus begründet.
Bd. 1, 2006, 320 S., 29,90 €, br., ISBN 3-8258-9586-6

L<small>IT</small> Verlag Berlin – Hamburg – London – Münster – Wien – Zürich
Fresnostr. 2 48159 Münster
Tel.: 0251 / 620 32 22 – Fax: 0251 / 922 60 99
e-Mail: vertrieb@lit-verlag.de – http://www.lit-verlag.de

Anthropologisch orientierte Forschung zur Sozialpolitik im Lebenszyklus
hrsg. von Prof. Dr. Frank Schulz-Nieswandt
(Universität zu Köln)

Frank Schulz-Nieswandt
Geschlechterverhältnisse, die Rechte der Kinder und Familienpolitik in der Erwerbsarbeitsgesellschaft
Familienpolitik mutiert infolge des sozialen Wandels der Lebensformen und der Erwerbsarbeitsgesellschaft insgesamt. Die Rechte der Kinder auf gelingendes Aufwachsen und die Rechte der Frauen auf praktizierbare Rollenvereinbarungen ersetzen zunehmend die Fixierung auf bestimmte institutionelle und rechtliche Formen der Familie, die sich diversifiziert hat und historisch sowie kulturvergleichend ohnehin immer schon höchst differenziert war. Die Sozialpolitik führt in diesem Prozess kulturelles Erbe fort, verändert aber – im Lichte geschlechteranthropologisch und psychohistorisch rekonstruierbarer Pfade – ihre kulturell codierte Grammatik, nach der sie gestrickt ist. So zeichnen sich die neuen Pfade einer Sozialpolitik im Lebenszyklus ab.
Bd. 1, 2004, 152 S., 19,90 €, br., ISBN 3-8258-7394-3

LIT Verlag Berlin – Hamburg – London – Münster – Wien – Zürich
Fresnostr. 2 48159 Münster
Tel.: 0251/6203222 – Fax: 0251/9226099
e-Mail: vertrieb@lit-verlag.de – http://www.lit-verlag.de

Anthropologisch orientierte Forschung zur Sozialpolitik im Lebenszyklus
Herausgegeben von
Prof. Dr. Frank Schulz-Nieswandt

Frank Schulz-Nieswandt, Clarissa Kurscheid

Integrationsversorgung

Eine Einführung für die gesundheitsökonomische, pflegewissenschaftliche und sozialpolitische Ausbildung

LIT Verlag Münster – Hamburg – Berlin – Wien – London   2

Frank Schulz-Nieswandt; Clarissa Kurscheid
Integrationsversorgung
Eine Einführung für die gesundheitsökonomische, pflegewissenschaftliche und sozialpolitische Ausbildung
Diese lehrbuchorientierte Einführung skizziert die Grundlagen gerontologisch motivierter Integrationsversorgung im Sinne der Sicherstellung transsektoraler Behandlung-, Versorgungs- und Betreuungspfade. Die Analyse umfasst, sozialrechtlich fundiert und auf das institutionelle Leistungsgeschehen ausgerichtet, demnach die Akutmedizin, die geriatrische Rehabilitation und die Altenpflege. Grundlage ist ein interdisziplinärer Lebenslagenansatz in der Sozialpolitikforschung. Die Analyse ist eingebettet in Erörterungen zur gesellschaftlichen Umgangsweise mit dem Alter (Altersbilder) und betrachtet kritisch auch die Geschlechterordnungen. Es geht um neue Betriebsformen der Medizin und Pflege, die kulturell von neuen Haltungen und veränderten Einstellungen geprägt sind.
Bd. 2, 2004, 152 S., 12,90 €, br., ISBN 3-8258-7883-x

LIT Verlag Berlin – Hamburg – London – Münster – Wien – Zürich
Fresnostr. 2 48159 Münster
Tel.: 0251 / 620 32 22 – Fax: 0251 / 922 60 99
e-Mail: vertrieb@lit-verlag.de – http://www.lit-verlag.de